Bernd Prohaska

Targeting als Effektivitätstreiber bei performance-orier

Bernd Prohaska

Targeting als Effektivitätstreiber bei performance-orientierter Onlinewerbung

Diplom.de

Bibliografische Information der Deutschen Nationalbibliothek:

Bibliografische Information der Deutschen Nationalbibliothek: Die Deutsche Bibliothek verzeichnet diese Publikation in der Deutschen Nationalbibliografie; detaillierte bibliografische Daten sind im Internet über http://dnb.d-nb.de/ abrufbar.

Copyright © 2013 Diplomica Verlag GmbH
Druck und Bindung: Books on Demand GmbH, Norderstedt Germany
ISBN: 978-3-8428-9857-8

http://www.diplom.de/e-book/272701/targeting-als-effektivitaetstreiber-bei-performance-orientierter-onlinewerbung

Inhaltsverzeichnis:

Abkürzungsverzeichnis 4

1.   Einleitung 6

    1.1.   Allgemeine Ziele von Werbung 6

    1.2.   Verschiebung der Werbeausgaben von Print in Richtung Online 7

2.   Entwicklung des Onlinewerbemarktes 9

    2.1.   Klassisches Displaymarketing 9

    2.2.   Performance-orientiertes Onlinemarketing 10

3.   Erfolgsfaktoren effektiver Werbemaßnahmen 13

    3.1.   Streuverluste minimieren 13

        3.1.1.   Zielgruppenanalyse 13

        3.1.2.   Zielgruppenerreichbarkeit 15

    3.2.   Interessenten identifizieren 17

        3.2.1.   IP Adresse 17

        3.2.2.   Cookies 19

        3.2.3.   Fingerprinting 21

        3.2.4.   Keyword-Analyse 23

        3.2.5.   Semantische-Analyse 24

    3.3.   Erfolge messen und optimieren 29

        3.3.1.   Click Through Rates 30

        3.3.2.   Conversion Rates 32

4.   Targeting Möglichkeiten im Internet 33

    4.1.   Effektivitätssteigerung mittels Targeting 33

    4.2.   Optimierung der Werbeplatzierung 34

        4.2.1.   Keyword Targeting 35

        4.2.2.   Semantisches Targeting 39

4.3.   Gezielte Auswahl der Adressaten 41

    4.3.1.   Geo-Targeting.. 41

    4.3.2.   Retargeting 43

    4.3.3.   Audience Targeting 44

    4.3.4.   Statistical Targeting.. 46

    4.3.5.   Social Media Targeting 48

5.   Datenschutzrechtliche Aspekte 49

6.   Fazit und Ausblick.. 51

Abbildungsverzeichnis 53

Tabellenverzeichnis... 54

Quellenverzeichnis 55

Anlage 1: 57

Anlage 2: 58

Anlage 3: 60

Abkürzungsverzeichnis

Abk.	Erklärung
€	Euro
Abb.	Abbildung
App	Application
Abk.	Abkürzung
CPC	Cost per Click
CPL	Cost per Lead
CPM	Cost per Mille
CPO	Cost per Order
CTR	Click Through Rate
DNS	Domain Name System
eCPM	effective Cost per Mille
EIAA	European Interactive Advertising Association
etc.	ecetera
EU	European Union
f	folgende
ff	fortfolgende
HTML	Hypertext Markup Language
Imps	Impressions
IP	Internet Protokoll
KPI	Key Performance Indicator
PC	Personal Computer
PR	Public Relations

Abk.	Erklärung
Prof.	Professor
RDF	Ressource Description Framework
ROI	Return on Investment
S.	Seite
SEM	Search Engine Marketing
Tab.	Tabelle
TKP	Tausendkontaktpreis
URL	Uniform Resource Locator
USA	United States of America
VGN	Verkehrsverbund Großraum Nürnberg
W3C	Word Wide Web Consortium
WM	Weltmeisterschaft
WWW	Word Wide Web
XML	Extensible Markup Language
z. B.	zum Beispiel

1. Einleitung

1.1. Allgemeine Ziele von Werbung

Werbung definiert als Wettbewerbsmerkmal das Erscheinungsbild eines jeden marktwirtschaftlichen Systems. In der Betriebswirtschaftslehre nimmt Werbung daher als Bestandteil der Kommunikationspolitik auch eine wesentliche Position im bekannten Marketing-Mix neben der Produkt-, Preis- und Distributionspolitik ein.[1]

Die Zielsetzung der Werbekommunikation manifestiert sich maßgeblich in der direkten und indirekten Meinungsbildung und Beeinflussung der Adressaten eines Marktes. Hierbei ist es die Aufgabe der Werbung durch Einstellungsänderungen von Individuen oder sozialer Umfelder eine Änderung des Kaufverhaltens herbeizuführen, welches einen umsatzrelevanten Effekt nach sich zieht. Dieses Vorgehen kann sowohl strategische und langfristige Zielsetzungen, wie z.b. Markenpflege, als auch kurzfristige operative Absatzziele verfolgen.[2]

Da Werbung eine zwangsfreie Form der Beeinflussung darstellt, ist ihre Möglichkeit zur Manipulation der Märkte eng begrenzt. Die endgültige Entscheidung, ob sich ein Konsument dem Werbeappell öffnet, bzw. das beworbene Produkt erwirbt, kann nur bedingt von außen beeinflusst werden. Ein Indiz hierfür ist Tatsache, dass wesentlich mehr Produkte beworben werden, als ein individueller Werbeempfänger kauft. Der Erfolg von Werbung stellt sich somit erst als Summe individueller Ansprache ein.[3]

Ziel von Werbung ist es daher die Personengruppen zu erreichen, die dem Werbeinhalt offen gegenüber stehen, sodass das Verhältnis der gesamten Marktpenetrierung zur Anzahl der tatsächlich beeinflussten Marktteilnehmer optimal ausgenutzt ist.[4]

---

[1] Meffert/Burmann/Kirchgeorg 2008: 632ff
[2] Heidemann 1999: 27f
[3] Streeck 2006: 89
[4] Heidemann 1999: 29ff

1.2. Verschiebung der Werbeausgaben von Print in Richtung Online

Maßgeblich für die Ansprache von Personengruppen, die potentielle Käufer und/oder Interessenten darstellen, ist deren Erreichbarkeit und Verfügbarkeit. Aus diesem Grund ist das Nutzungsverhalten der Bevölkerung ein wesentlicher Indikator für die Werbewirksamkeit unterschiedlicher Medien. Die European Interactive Advertising Association (EIAA) hat diesbezüglich in ihrer 2010 veröffentlichten Analyse festgestellt, dass die Anzahl der Konsumenten, die wöchentlich Zeitungen lesen kontinuierlich zurückgeht. Dagegen wird sich die Reichweite des Internets – die durch die Anzahl der Internet-Nutzer definiert ist – von 2004 bis zum Jahr 2014 von rund 48% auf 71% der potentiellen Adressaten erhöhen.[5]

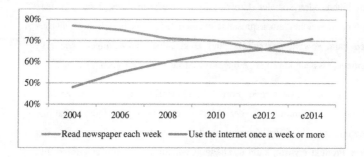

Abb. 1.1.: Entwicklungstendenz Print und Online (Quelle: Microsoft Advertising)

Die innerhalb des letzten Jahrzehnts stark zunehmende Kommerzialisierung des Internets eröffnet somit den Unternehmen und Werbeagenturen neben Publikumszeitschriften und Tageszeitungen einen weiteren interessanten und vielversprechenden Kanal, relevante Marktteilnehmer zu erreichen. Alleine in Deutschland konnte man im Jahre 2010 mehr als 69% der über 14 Jährigen über das Internet erreichen. Legt man diese Tatsache zugrunde erklärt sich auch der enorme Anstieg von Werbeausgaben in diesem Medienumfeld.

---

[5] EIAA Mediascope 2004-2010, 10-market average. 2012 and 2014 figures estimated on best-fit trend line: URL: http://advertising.microsoft.com/deutschland/print-und-online-werbung [Stand 01.07.2013]

So konnte der Umsatz seit dem Jahr 2004 von 271 Millionen Euro auf 861 Millionen Euro in 2010 gesteigert werden, was einer durchschnittlichen jährlichen Wachstumsrate von über 36% entspricht.[6]

Diesem Trend folgend ergeben sich auch die entsprechenden Reduzierungen der Werbeausgaben im klassischen Printgeschäft aus Tageszeitungen und Publikumszeitschriften. Hier zeigte sich alleine im Jahresvergleich 2004 zu 2010 ein Rückgang von 20%.[7] Als Resultat dieser Auslagerung mussten bereits einige regionale und auch nationale Verlage die Produktion ihrer Zeitschriften einstellen. So wurde 2012 neben der „Frankfurter Rundschau" auch die Verlegung der „Financial Times Deutschland" aufgrund von fehlenden Werbeeinnahmen und rückläufigen Absatzzahlen eingestellt. Ausschlaggebend hierfür war das vergleichsweise gute und vor allem kostenlose Angebot an Informationen im Internet. Diese Angebotsvielfalt lockte erst die Nutzer und später auch die Werbetreibenden vom offline in den online Markt.[8]

Die Verschiebung wird sich in den nächsten Jahren weiter fortsetzen, da das Internet weiter an Reichweite gewinnen wird und darüber hinaus den individuellen Nutzergewohnheiten besser entgegenkommen kann, als dies im Rahmen der Printkommunikation der Fall ist. Die Onlinewerbung kann im Gegensatz dazu flexible und interaktive Werbegestaltungen zum Einsatz bringen und verfügt über eine globale Reichweite, die rund um die Uhr zur Verfügung steht. Diese Attribute stehen der gedruckten Werbung in diesem Umfang nicht zur Verfügung.[9]

---

[6] Kloss 2012: 376
[7] ZAW Werbemarktstudie 2011: URL: http://www.zaw.de/index.php?menuid=119
[8] Wolfgang Münchau (2012): S.P.O.N. - Die Spur des Geldes: Der Anfang vom Ende fürs bedruckte Papier: URL: http://www.spiegel.de/wirtschaft/wolfgang-muenchau-ueber-das-ende-der-financial-times-deutschland-a-868508.html [Stand 11.07.2013]
[9] Hünerberg 1996: 123f

2. Entwicklung des Onlinewerbemarktes

Der Werbemarkt im Internet teilt sich hauptsächlich in zwei Bereiche auf. Zum einen kann eine Homepage als Werbemittel die eigene Marktausrichtung und Produkte bewerben, zum anderen wird mit Hilfe von Werbeträgern (fremde Websites) versucht auf das eigene Unternehmen aufmerksam zu machen, bzw. den Internet-Traffic durch Verlinkung auf die eigene Homepage zu lenken.[10]

Die Erweckung von Aufmerksamkeit durch Platzierung von Werbung auf fremden Websites wird dabei als Display-Werbung bezeichnet.

2.1. Klassisches Displaymarketing

Ausgehend von der Anzeigenschaltung im Printgeschäft wurde auch in den Ursprungstagen des Internets die Abrechnungsweise der Werbung in Tausendkontaktpreisen (TKP), bzw. in der internationalen Analogie als Cost per Mille (CPM), eingeführt, welche dem Display-Geschäftsmodel auch seinen Namen TKP- bzw. CPM-Business einbrachte.[11]

In diesem Geschäftsmodel wird je tausend Einblendungen (Impressions) ein bestimmter Preis fällig, egal ob diese Werbebotschaft zu weiteren Aktionen des Nutzers führt.

So kosten beispielsweise 20.000 Ad-Impressions bei einem TKP von 0,50 € den Werbetreibenden insgesamt 1.000 €.

Die Einblendung des Werbemittels selbst erfolgt in diesen Fällen größtenteils als Grafikdatei (JPEG- oder GIF-Format) bzw. als Flashanimation. Die Formate dieser Dateien sind allgemeingültig definiert[12], da für die Einblendung der Werbebotschaften an bestimmten Stellen der Website dementsprechende Platzhalter durch den Eigentümer der Seite vorgesehen werden müssen, auf denen die Werbung später automatisch über Tags eingespielt wird.[13]

---

[10] Bogner 2006: 111ff
[11] Alby 2008: 162
[12] Beispiele von Standardformaten sind als Anlage 1 beigefügt
[13] Bernecker/Beilharz 2009: 179

Die Einspielung der Werbemittel über den entsprechenden Tag übernimmt ein sogenannter Ad-Server, der die Werbung als externer Webserver einspielt und angezeigt.

Somit wird beim Web-Seitenaufbau nicht nur der Informationsinhalt vom Server des Seitenbetreibers geladen, sondern in Millisekunden Verzögerung die Werbung vom Ad-Server bereitgestellt und auf dem zur Verfügung gestellten freien Werbeplatz eingespielt.[14] Der User selbst nimmt diese Verzögerung nicht war und ist sich damit häufig nicht bewusst, dass nicht der gesamte Informationsinhalt einer Website vom Seitenbetreiber selbst stammt.

In der klassischen Form des Display-Marketings erfolgt die Platzierung, ähnlich zur Printwerbeschaltung, direkt durch Auswahl der Websites, auf denen die Werbung eingeblendet werden soll. Diese selektive Liste zu erstellen, stellt in dieser Art der Werbeplatzierung den größten, aufwendigsten und wichtigsten Faktor dar. Denn ohne die erhoffte Zielgruppe über die entsprechende Seitenauswahl zu erreichen verfehlt selbst eine umfangreiche Werbeschaltung auf namhaften Internetseiten den erhofften Werbeerfolg. Dieses Phänomen wird folglich als Streuverlust der Werbeaussendung bezeichnet.[15]

2.2.Performance-orientiertes Onlinemarketing

Das Risiko der Streuverluste zu minimieren oder auszulagern ist somit das Primärziel aller Werbetreibenden. Im Gegensatz zur Printwerbung ermöglichen technische Funktionalitäten des Online-Geschäfts auch direkte Rückschlüsse auf die Akzeptanz von einzelnen Werbeinhalten und Formaten.

Ein wesentlicher Indikator für die Attraktivität der Werbung ist hierbei das Klickverhalten der Seitenbesucher (User). Diese Tatsache führte dazu, dass sich neben der CPM-Abrechnungsform, bei der die reine Werbeeinblendung verrechnet wird, eine neue Form der Abrechnung namens Cost per Click (CPC) entwickelt hat. Hier wird die Unsicherheit der Akzeptanz, oder anders

---

[14] Chaffey/Mayer/Johnston/Ellis-Chadwick 2001: 284
[15] Alby 2008: 162

ausgedrückt, das Risiko der Performance eines Werbemittels für den Werbetreibenden egalisiert, indem eine Vergütung der Publisher (Eigentümer der Websites, auf denen die Werbung platziert ist) nur auf Basis der User-Reaktion, dem Anklicken der Werbebotschaft, stattfindet.[16]Neben dem Klickverhalten können auch weitere Reaktionen des Users als Performance-Indikatoren gelten. So kann auch die Hinterlassung eigener Adressdaten (Lead) oder der Kauf eines Produkts (Order) als Zielgröße definiert werden. Dies schlägt sich dann in Abrechnungsmodellen wie Cost per Lead (CPL), bei dem die Anzahl der hinterlassenen Datensätze vergütet wird, egal wie oft die Werbebotschaft eingeblendet bzw. angeklickt wurde, oder Cost per Order (CPO), also einer Vergütung, die erst bei Kaufabschluss des Users erfolgt, nieder.[17]

Da das Risiko der Streuverluste für den Werbetreibenden (Advertiser) von der CPM hin zur CPO Abrechnung immer weiter sinkt, nimmt infolge dessen das Einkommensrisiko für den Publisher umkehrt immer weiter zu, da das auf seiner Website zur Verfügung stehende Werbeinventar auch teilweise unbezahlt leerläuft, wenn entsprechende, von ihm nicht steuerbare, User-Reaktionen ausbleiben.[18] Diese Risikoverschiebung ist in Abbildung 2.2. vereinfacht dargestellt.

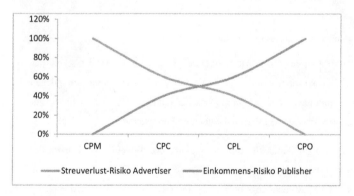

Abb. 2.1.: Risikoverteilung zwischen Advertiser und Publisher

---

[16] Lohse 2006: 28
[17] Lammenett 2009: 35
[18] Alby 2008: 13

Die Wahrscheinlichkeit, dass ein User nach Einblendung einer Werbung auf einer Website, diese anklickt und das beworbene Produkt kauft ist objektiv sehr viel geringer als dass er dieses nur anklickt oder lediglich optisch wahrnimmt.

Diese Tatsache spiegelt sich folglich auch im Preis der entsprechenden Abrechnungsmodelle wider.

Um eine Vergleichbarkeit der unterschiedlichen Modelle zu gewährleisten wurde daher eine Bezugsgröße namens „effektiver CPM" (eCPM) entwickelt, bei der alle Abrechnungsmodelle auf eine einheitliche Bezugsgröße, dem TKP zurückgerechnet werden. [19]

Legt man beispielhaft eine Klick-Kampagne mit 0,40€ CPC zu Grunde, bei der das entsprechende Werbemittel innerhalb eines Monats 500.000-mal eingeblendet wurde und User es 1.000-mal angeklickt haben, so beläuft sich der Umsatz der Kampagne dementsprechend auf 400,00€, da jeder ausgeführte Klick mit 40 Cent vergütet wird. Setzt man nun die hierfür notwendige Anzahl von Werbeeinblendungen (Impressions) ins Verhältnis und berücksichtigt dabei, dass der CPM sich auf 1000 Einblendungen bezieht, so ergibt sich mit

$$\frac{400€}{500.000\ Imps} \times 1000 \text{ ein eCPM von 0,80 Cent.} \quad [20]$$

Aufgrund der Tatsache, dass somit jede Abrechnungsform in eine CPM-Größe umgewandelt werden kann, wird sich diese Arbeit im Folgenden primär an dieser Abrechnungsform orientieren um die Funktionsweisen der Internetwerbung tiefgreifender zu analysieren. Eine Übertragung auf alle anderen Abrechnungsformen ist jedoch auf Basis der Erläuterungen dieses Kapitels jederzeit möglich.

---

[19] Fritz 2004: 279
[20] eCPM Calculator: URL: http://www.csgnetwork.com/ecpmcalc.html [Stand 13.07.2013]

3. Erfolgsfaktoren effektiver Werbemaßnahmen

3.1. Streuverluste minimieren

Streuverluste entstehen bei der Werbeauslieferung dadurch, dass Werbemittel Personengruppen erreichen, die nicht zur Zielgruppe (Target Group) des Werbetreibenden gehören. Streuverluste können daher überflüssige und zusätzliche Kosten verursachen.[21]

Ziel eines marketingtechnischen Werbeplans ist es demzufolge eine gezielte Streuung vorzunehmen um einen bestmöglichen Werbeerfolg zu gewährleisten.

3.1.1. Zielgruppenanalyse

Die Zielgruppen zu definieren und auszuwählen um eine gezielte Streuung zu erreichen ist der wesentlichste Bestandteil einer jeden Werbeaktion. Ähnlich wie bei Testpersonen in Marktforschungsumfragen muss dazu eine Zielgruppe ausgewählt werden, die dem typischen Nutzerprofil entspricht.[22]

Nutzerprofile sind in diesem Zusammenhang die Personengruppen, die ein Produkt oder eine Dienstleistung erwerben bzw. effektiv nutzen.

Die Abgrenzung einzelner Zielgruppen erfolgt üblicherweise anhand von soziodemografischen Merkmalen wie Geschlecht, Alter, Familienstand, Einkommen, Vorlieben und psychografischen Merkmalen.[23]

Neben diesen allgemeinen Attributen spielt bei der Analyse von Zielgruppen im Internet auch die Nutzertypologie eine entscheidende Rolle. Hierfür gibt es nach der Definition von @facts die folgenden 5 Hauptgruppen:[24]

---

[21] Definition Streuverlust: URL: http://www.onlinemarketing-praxis.de/glossar/streuverluste [Stand 14.07.2013]
[22] Chaffey/Mayer/Johnston/Ellis-Chadwick 2001:237
[23] Hassler 2010: 316
[24] Fritz 2004: 105

Nutzertypen	Profil	Anteil an Gesamtheit der Personen mit Internetzugang	Relevanz für e-Commerce
Zurückhaltenden	• emotionale Distanz zum Internet • geringe Internet-Nutzung • ältere Personen, Frauen	15,8%	sehr gering
Shopper	• Shopping und Produktinformation • zwischen 30 und 49 Jahre alt	10,3%	sehr groß
Surfer	• Internet-Fan • vielseitige Interessen	18,7%	groß
Info-Suchenden	• Internet als Wissensarchiv • professioneller Nutzer • hohe Bildung • hohes Einkommen	35,7%	groß
Entertainer	• Internet als Unterhaltungsmedium • Intensive Nutzung von Online-Spielen • Teens und Twens	19,5%	durchschnittlich

Tab. 3.1.: Internet Nutzertypologie von @facts

Die Festlegung der Target Group muss somit im Onlinebereich neben den soziodemografischen Merkmalen auch die Nutzertypologie der User berücksichtigen. Die Analysephase ist dabei Aufgabe des Werbetreibenden selbst, oder des beauftragten Vermarkters, der im Auftrag des Werbetreibenden für die effiziente und effektive Umsetzung der Werbekampagne verantwortlich ist.[25]

---

[25] Lohse 2006: 38f

3.1.2. Zielgruppenerreichbarkeit

Basierend auf den Ergebnissen der Zielgruppenanalyse im Zusammenhang mit Marken- und Wettbewerbsdaten muss nun eine Medienstrategie entwickelt werden, in der entschieden wird, welche Medien sich am besten für die Umsetzung der Werbeziele eignen. Bei der Auswahl greift man auf qualitative als auch quantitative Aspekte zurück.

Zu qualitativen Kriterien zählen hierbei neben dem Kostenfaktor auch die Reichweite des Werbekanals sowie die Affinität dessen Nutzer. In diesem Bereich hat sich das Internet seit der Jahrtausendwende zu einem der führenden und weitverbreitetsten Medien entwickelt, indem faktisch alle soziodemografischen Gruppen vertreten sind.[26]

Tabelle 3.2. zeigt diese Entwicklung des Internetnutzerkreises gemessen in Prozent der Gesamtbevölkerung in Deutschland und dessen soziodemographischen Aufbaus.

	1997	1998	1999	2000	2001	2002	2003	2004	2005	2006	2007
Gesamt	**6,5**	**10,4**	**17,7**	**28,6**	**38,8**	**44,1**	**53,5**	**55,3**	**57,9**	**59,5**	**62,7**
Geschlecht											
Männlich	10,0	15,7	23,9	36,6	48,3	53,0	62,6	64,2	67,5	67,3	68,9
Weiblich	3,3	5,6	11,7	21,3	30,1	36,0	45,2	47,3	49,1	52,4	56,9
Alter in Jahren											
14-19	6,3	15,6	30,0	48,5	67,4	76,9	92,1	94,7	95,7	97,3	95,8
20-29	13,0	20,7	33,0	54,6	65,5	80,3	81,9	82,8	85,3	87,3	94,3
30-39	12,4	18,9	24,5	41,1	50,3	65,6	73,1	75,9	79,9	80,6	81,9
40-49	7,7	11,1	19,6	32,2	49,3	47,8	67,4	69,0	71,0	72,0	73,8
50-59	3,0	4,4	15,1	22,1	32,2	35,4	48,8	52,7	56,5	60,0	64,2
>60	0,2	0,8	1,9	4,4	8,1	7,8	13,3	14,5	18,4	20,3	25,1

Tab. 3.2.: Entwicklung der Internet-Nutzer in % der deutschen Bevölkerung[27]

---

[26] Kloss 2012: 267
[27] van Eimeren/Frees 2007: 364

Qualitative Kriterien sind hingegen schwerer messbar, da sie zahlenmäßig nur bedingt darstellbar sind. Sie beziehen sich schwerpunktmäßig auf Nutzungs- und Kontaktsituationen als auch auf Akzeptanz und Glaubwürdigkeit hinsichtlich der Zielgruppe.[28] Die Qualität der Medien lässt sich somit am besten durch Umfragen widerspiegeln.

Im Jahr 2011 wurde von Marketagent eine Umfrage von 387 Werbeauftragnehmern und –auftraggebern aus den Bereichen Kommunikation, Medien, Marketing/ PR und Werbung in Auftrag gegeben, die die Zufriedenheit unterschiedlicher Medien beurteilen sollte. Hierbei nahm die Online-Werbung den ersten Platz ein.[29]

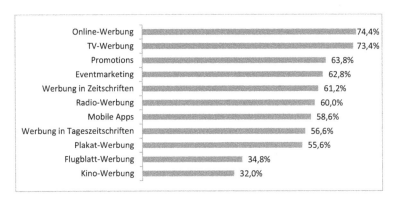

Abb. 3.1 Zufriedenheitsstudie hinsichtlich effizienter Werbemedien (Quelle: Statista.com)

Zusammenfassend ist somit das Internet aus quantitativen und qualitativen Gesichtspunkten hinsichtlich der Erreichbarkeit verschiedenster Target Groups sehr gut geeignet, da die Reichweite, die Struktur der Nutzer als auch die Akzeptanz des Mediums selbst bereits auf einem hohen Niveau liegen und tendenziell weiter anwachsen wird. Die Herausforderung liegt demzufolge nicht in der Erreichbarkeit selbst, sondern viel mehr in der direkten Identifizierbarkeit der potentiellen Interessenten.

---

[28] Schnettler/Wendt 2003: 165
[29] Zufriedenheitsstudie hinsichtlich effizienter Werbemedien URL: http://de.statista.com/ statistik/daten/ studie/192671/umfrage/effiziente-kommunikationsmassnahmen-im-marketing-mix/ [Stand 16.07.2013]

3.2.Interessenten identifizieren

Über eine Tatsache muss sich jeder Nutzer des Internets, hier insbesondere User des World Wide Web (WWW), im Klaren sein; es gibt in der virtuellen Welt keine Anonymität.

Standorte, Bewegungsdaten und Vorlieben sind teilweise zwangsweise durch die Strukturen und der Architektur des Internets verfügbar.[30]

In der Theorie ermöglichen diese technischen Informationen eine detaillierte und tiefgreifende Klassifizierung der User in unterschiedliche Nutzer- und Interessentengruppen.

Im Folgenden werden nunmehr die wesentlichen technischen Grundlagen der Identifizierbarkeit und Klassifizierung von Internet-Usern erläutert.

3.2.1. IP Adresse

Die Internet-Protokoll Adresse ist eine 32 Bit Zahl, die für jeden Computer, der mit dem Internet verbunden ist einmal vergeben wird und eine eindeutige Identifizierung von Computern und Servern im WWW ermöglicht.[31]

Ein Webserver, der den Content einer Website zur Verfügung stellt, benötigt die IP-Adresse des jeweiligen anfragenden Computers um zu wissen, welcher Rechner eine Informationsanfrage geschickt hat und an welchen Computer er somit die Antwort (Inhalts-Darstellung der aufgerufenen Website) schicken soll.

Die IP-Adresse des Internet-Users kann in übertragener Weise auch als Absender-Adresse eines Briefes angesehen werden, an die der Empfänger später seine Antwort schicken soll.[32]

Auch die Eingabe einer Empfängeradresse (URL der Internetseite) erfolgt technisch durch die Eingabe der entsprechenden IP-Adresse im Browser.

---

[30] Anonymität im Internet: URL: http://de.wikipedia.org/wiki/Anonymit%C3%A4t_im_Internet [Stand 16.07.2013]
[31] Bhattacharjee 1998: 196
[32] Hassler 2010: 47

Um diese Eingabe für den User jedoch so komfortabel wie möglich zu gestalten, wandeln sogenannte Domain-Name-Systems (DNS) die URL-Adressen[33] (z.B. www.adpepper.com) in die entsprechende IP-Adresse des Webservers (z.B. 198.171.79.36) automatisch um.

Technisch erfolgt somit bei jedem Aufruf (Request) einer Internetseite eine Client-Server Kommunikation zwischen zwei IP-Adressen. Wobei die Adresse des Clients (des Internet-Users) im Log-File des Servers für statistische Auswertungen und Klassifizierungen auf unbestimmte Zeit zur Verfügung steht.[34]

Diese Tatsache würde eine eindeutige Identifizierung von Nutzern und damit Interessenten zulassen, wenn die IP-Adressen generell statischer Natur wären. Im Zuge des enormen Wachstums des Internets und der Internetgemeinschaft ist jedoch die Anzahl der zur Verfügung stehenden Adressen eines 32 Bit-Systems[35] für eine statische Zuordnung nicht mehr ausreichend und daher erfolgt die Vergabe heute in den meisten Fällen dynamisch.

Dynamisch bedeutet in diesem Kontext, dass der Internet-Anbieter über eine große Anzahl von IP-Adressen verfügt und diese nach Bedarf an seine Kunden verteilt. Nachdem er die Adresse bei Kunde A nicht mehr benötigt, kann er die gleiche Adresse nunmehr an Kunde B für dessen Interneteinwahl bereitstellen.

Das heißt, dass sich hinter einer IP bei Weitem nicht immer eindeutig ein Rechner oder sogar eine Person befindet. Somit können mehrere Log-File Einträge mit der gleichen IP-Adresse durchaus auch von unterschiedlichen Clients stammen. Eine eindeutige Identifizierung des User bzw. Interessenten ist daher alleine auf der Basis von IP-Adressen heutzutage nur bedingt möglich.[36]

---

[33] Eindeutige alphanumerische Bezeichnung einer Website: URL:
http://de.wikipedia.org/wiki/Uniform_Resource_Locator [Stand 18.07.2013]
[34] Reese 2009: 193f
[35] Derzeit erfolgt auch eine Erweiterung der IP-Adressen von 32-stelligen (IPv4) auf 128-stellige (IPv6) Binärzahlen um der Knappheit der zur Verfügung stehenden Adressen zu begegnen
[36] Hassler 2010: 102

3.2.2. Cookies

Um die Identifikationsproblematik wechselnder IP-Adressen zu lösen sind mitunter sogenannte Cookies im Einsatz. Die sogenannten Internet/Browser-Cookies sind kleine Dateien, die vom Server auf dem Computer des Users (Clients) abgelegt werden. Fortlaufend können sie dann von diesem Webserver abgerufen und ausgewertet werden.[37]

Beispielsweise ist es für ein Online-Versandhaus vorteilhaft zu wissen, ob ein bestimmter Kunde bereits den Shop vorher besucht und sich dabei registriert hat. Aus diesem Grund wird bei den meisten Onlineshops im Falle des Erstbesuchs eines Users eine Art Gedächtnisdatei, das Cookie, auf den Rechner des potentiellen Kunden hinterlassen, der mit dem Browser des Users interagiert und historischen Verlauf als auch Zustandsinformationen (z.B. Inhalt des Warenkorbs) dokumentiert.[38] Diese Informationen sind somit auch beim Verlassen der Website (Domain) weiter vorhanden und können nach Bedarf wiederverwendet werden.

Beim erneuten Aufruf (Request) der Website durch den User erfolgt eine automatische Übertragung der im Cookie hinterlegten Information an den Webserver, der diese bei seiner Antwort an den User initial berücksichtigt und den User z.B. automatisch an seinem Kunden-Account anmeldet und ihm den Warenkorb seines letzten Besuchs offenlegt.[39]

Diese eben skizzierte Art von Gedächtnis-Cookies wird als 1st Party Cookie bezeichnet, da sie direkt von der Website (Domain) auf den Computer des Users gesetzt werden, auf der er sich gerade befindet.

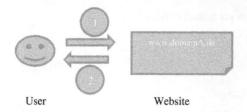

User   Website

Abb. 3.2: 1st Party Cookie

---

[37] Aden 2009: 40
[38] Wöhr 2004: 235
[39] Badach/Rieger/Schmauch 2003: 217ff

Der User besucht die Seite www.domainA.de (Abb.3.2, Nummer 1) und der Webserver der gleichen Domain platziert daraufhin ein Cookie auf dem Rechner des Users (Abb.3.2, Nummer 2).

Natürlich darf in diesem Zusammenhang ein Client nur Cookie-Informationen an den Webserver weiterleiten, von dem auch das Cookie stammt. Die Übertragung fremder Cookie-Inhalte würde ein enormes Risiko darstellen, da auch private Zugangsdaten dabei übermittelt werden könnten.

Auf Grundlage dieser generellen Regel kommt im Bereich der Internetwerbung darüber hinaus auch ein sogenanntes 3rd Party Cookie zum Einsatz. Dieses Cookie wird hierbei nicht vom Webserver der aufgerufenen Website erstellt und platziert, sondern vom Ad-Server[40], der die Werbung auf die aufgerufene Seite einspielt, kreiert.

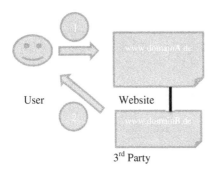

User   Website

3rd Party

Abb. 3.3: 3rd Party Cookie

In diesem Beispiel besucht der User wiederum die Seite www.domainA.de (Abb.3.3, Nummer 1). Es wird nun aber von einer „fremden" Domain B, die der User noch nie besucht hat und die er höchstwahrscheinlich nicht einmal kennt, im Zuge der Werbeeinblendung ein Cookie auf seinem Computer hinterlegt (Abb.3.3, Nummer 2).

---

[40] Namhafte Adserver-Anbieter sind z.B. Adition, Adtech, Dart, DoubleClick und emediate

Diese Cookies können aber ebenfalls nur von der Domain (in diesem Fall Domain B) ausgelesen werden, die sie auf den Rechner des Users gesetzt hat.[41]

Im Gegensatz zu 1st Party Cookies werden hier in erster Line keine Login-Daten oder Warenkorb-Inhalte erfasst, sondern Informationen über bereits gezeigte Kampagnen, deren Werbemittel und das Verhalten des Users auf diese, protokolliert.[42]

Die Intention dieses Cookie-Placements ist es nicht, den Usern ein komfortableres Agieren im Internet zu ermöglichen, sondern Schlussfolgerungen über die Interessen des Users zu erhalten um diesen damit qualifizieren und klassifizieren zu können.

Da im Zuge dieser Datenanreicherung in der Vergangenheit sicher auch personenbezogene Daten durch die Werbewirtschaft erhoben wurden und ein gewisser Missbrauch vorstellbar ist, beschränkt die Europäische Union seit dem 25. Mai 2011 den Einsatz von Cookies durch eine Richtlinie, die aber bis zur Erstellung dieser Arbeit noch nicht in Deutschland ratifiziert war.[43]

3.2.3. Fingerprinting

Der schlechte Ruf der Cookies, als auch die rechtliche Reglementierung deren Einsatzes, brachten neue Ideen der Identifikation von Besuchern einer Website hervor, die unter dem Begriff Fingerprinting subsumiert sind. Der Aufbau dieser Identifikationsmethode ist derzeit noch nicht standardisiert und ihr Einsatz ist daher noch sehr individuell gestaltet.[44]

Die Herangehensweise des Fingerprintings liegt in der Tatsache begründet, dass jeder Computer in seinem Setup und Einstellungen soweit individualisiert ist, dass alleine diese Merkmale für eine Identifikation des Computers und somit seines Benutzers ausreichen.

---

[41] Aden 2009: 41f

[42] Google, Nutzung von DoubleClick Cookies: URL: http://support.google.com/adsense/bin/answer.py?hl=de&answer=2839090 [Stand 18.07.2013]

[43] Europäische Richtlinie 2009/136/EG: URL: http://eur-lex.europa.eu/LexUriServ/LexUriServ.do?ur i=OJ:L:2009:337:0011:0036:De:PDF [Stand 18.07.2013]

[44] Kaushik 2010:255

Im Gegensatz zu Cookies wird hier dem Computer kein „Stempel" von außen aufgedrückt um ihn später zu identifizieren, vielmehr nutzt man die einzigartigen Informationen der vorhandenen Software als Schlüsselgröße. Dabei wird versucht aus einer Kombination von Merkmalen der Computereinstellungen, des Betriebssystems als auch der Internet-Browsereinstellungen einen User eindeutig zu identifizieren. Dieses Profiling erfolgt auf Basis von Informationen wie installierte Fonts, Bildschirmauflösung, Device Token, Plug-Ins, Spracheinstellung etc., die der Nutzer seinen Bedürfnissen angepasst und somit seine persönliche Note verliehen hat.[45]

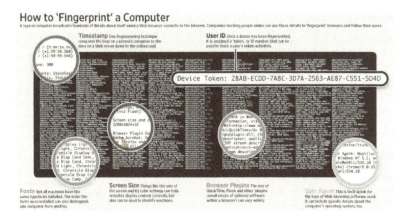

Abb. 3.4.: Fingerprinting eines Computers (Quelle: Unique-Labs)

Daten, wie Betriebssystem und Browsereinstellungen, werden dabei von jedem Internet-Benutzer (Client) bei der Anfrage (Request) einer Internetseite an den Webserver übertragen um die angeforderten Informationsinhalte der Website richtig darstellen zu können. Im Zuge dessen können mittels JavaScript[46] auch Informationen wie Zeitzonen, Plug-Ins, Schriftarten etc. festgestellt werden.

---

[45] Definition Fingerprinting: URL: http://unique-labs.de/fingerprinting/ [Stand 21.07.2013]
[46] JavaScript ist eine Programmiersprache, die hauptsächlich für Websites und Web-Browser eingesetzt wird: URL: http://de.wikipedia.org/wiki/JavaScript [Stand 21.07.2013]

Diese Daten werden daraufhin anonymisiert auf dem Webserver selbst gespeichert und stellen im Gegensatz zu dynamischen IPs eine mehr oder weniger eindeutige Identifizierung des Computers und somit des Benutzers dar.[47]

Die Funktionsweise dieses Verfahrens kann unter https://panopticlick.eff.org/ von jedem beliebigen Computer aus getestet werden und man erhält darüber hinaus eine Auswertung seines persönlichen Fingerprints. Der im Zuge dieser Arbeit durchgeführte Test ergab, dass der PC, welcher zur Erstellung genutzt wurde, unter den bisher 2.820.428 getesteten Computern auf Grund seiner statischen Systemdaten eindeutig identifizierbar ist. [48]

Neben diesen statischen Parametern gab es auch Versuche dynamische Größen wie das Klickmuster auf einer Website in den Fingerprint mit einfließen zu lassen, um die Identifikation einzelner Nutzer hinter dem Computer noch gezielter zu ermöglichen. Hierüber liegen jedoch noch keine empirischen Erfolgsdaten vor.[49]

3.2.4. Keyword-Analyse

Die Identifizierung von Nutzern, oder besser Nutzergruppen, die über gemeinsame Eigenschaften und Interessen verfügen, kann auch indirekt über die Inhalte der Webseiten, die sie besuchen ermittelt werden. So kann man zum Beispiel Rückschlüsse daraus ziehen, dass Besucher von Sportseiten wie sport1.de, sportschau.de oder sportbild.de, sich generell für das Thema Sport interessieren und dass eine Werbeplatzierung von Sportartikeln auf diesen Seiten die entsprechenden Zielgruppen genau erreicht.

Grundlage dieser selbstverständlichen Annahme ist, dass sich durch die URL, beispielsweise www.sportbild.de, Rückschlüsse auf den Inhalt der Seite ergeben können. Diese Vermutung entspricht in den häufigsten Fällen auch der Tatsache, was sich auch durch eine Google-Suchanfragen bestätigen lässt.[50]

---

[47] EFF demonstriert den "Fingerabdruck" des Browsers: URL: http://www.heise.de/newsticker /meldung/ EFF-demonstriert-den-Fingerabdruck-des-Browsers-918262.html [Stand 24.07.2013]
[48] Der Auszug des Testprotokolls liegt als Anlage 2 bei
[49] Reese 2009: 228
[50] Greifeneder 2006: 46

So ergibt eine Abfrage des Begriffs „Sport" eine Top10-Trefferliste, bei der 9 den Begriff „Sport" als Bestandteil ihrer URL aufgeführt haben und die „Keyword"-Suche dies dementsprechend mitberücksichtigt. An Position 10 erscheint jedoch die URL www.kicker.de.[51]

Hier erscheint zwar das Keyword nicht als Bestandteil des URL-Namens, sondern als Stichwort innerhalb des Website-Content selbst. Die Häufigkeit der Stichwörter im Verhältnis zu allen Wörtern der Website (Keyword Density) hat ebenfalls eine sehr hohe Auswirkung auf die Zuordnung, da es den Inhalt einer Seite maßgeblich beeinflusst und somit Rückschlüsse auf den Inhalt zulässt.[52]

Dreht man die Logik des Suchalgorithmus um, kann somit über den Content, als auch über die URL selbst, bei so einfachen Begriffen wie Sport, der Besucher der Website einer Interessengruppe problemlos zugeordnet werden.

3.2.5. Semantische-Analyse

Eine Problematik bei einer Klassifizierung durch Keywords ergibt sich jedoch bei Themengebieten die nicht durch einzelne Wörter definiert werden können, oder Wörtern, die eine Mehrfachbedeutung in unterschiedlichen Kontexten haben können. So kann das Wort „Depression" in einem kontextuellen Umfeld sowohl auf einen wirtschaftlichen Einbruch, als auch auf eine psychische Erkrankung hinweisen. Auch eine Einbindung in einem englischen Text, der sich auf die Veränderung der Wetterlage bezieht, wäre denkbar. Es ist somit nicht mehr ausreichend einzelne Wörter zu finden sondern deren Bedeutung (Semantik) zu deuten um eine spezifische Themenzuordnung durchzuführen.[53]

---

[51] Abfrage des Begriffs „Sport" über www.google.de URL: https://www.google.de/search?q=
sport&ie=utf-8&oe=utf-8&aq=t&rls=org.mozilla:de:official&client=firefox-a [Stand 22.07.2013]
[52] Greifeneder 2006: 47
[53] Breitman/Casanova/Truszkowski 2006: 4ff

Diese Kategorisierung ermöglicht es dann eine hierarchische Struktur von Themengebieten zu erstellen, die bezogen auf die Bedeutungszusammenhänge des Website-Content zum Beispiel eine Einstufung von Depression in den Bereich Geisteskrankheiten, und diese wiederum in den Bereich allgemeine Krankheiten erlaubt. Dies ermöglicht eine bedarfsgerechte Generalisierung oder Spezialisierung von Themengebieten.

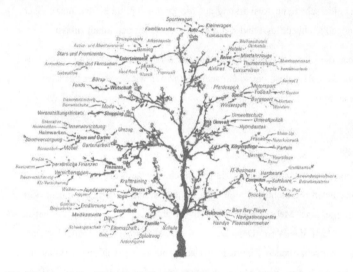

Abb. 3.5.: Semantischer Themenbaum (Quelle: crystalsemantics.com)

3.2.5.1 Kognitive Vorgehensweise

Zum einen kann diese Aufgabe durch künstliche Intelligenzen mit kognitiven Fähigkeiten erfüllt werden. Dazu erfolgt eine Verarbeitung des gesamten Website-Content, mit dem Ziel eine menschliche Interpretation des Inhaltes nachzubilden und damit die Website in vorher definierte Gruppen einzuordnen.[54]

Um dieses Ziel zu erreichen, entwickelte zum Beispiel der bekannte Sprachwissenschaftler Prof. David Crystal in Oxford eine linguistische Lösung

---

[54] Hitzler/Krötzsch/Rudlph/Sure 2008: 11

mit dem Namen „Sense EngineTM"[55], die auf einer linguistischen Analyse des Textes beruht. Hierbei entwickelte er in Zusammenarbeit mit mehr als 40 Linguisten eine Datenbank, die auf Wörterbücher und Lexika mit mehr als vier Millionen Wörtern und Begriffen zurückgreift um den Website-Content in eine von 3.500 Kategorien einzuordnen.[56]

Im Zuge der Analyse wird der gesamte verfügbare Text (HTML-Text) einer Website innerhalb von Sekundenbruchteilen mit Wörtern, Redewendungen, Orten, historischen Ereignissen, Größen aus Sport und Politik als auch Film- und Musiktiteln aus der semantischen Datenbank abgeglichen. Das System bestimmt somit den inhaltlichen semantischen Zusammenhang der Wörter und ordnet die kontextuelle Ausrichtung der Website folglich bestimmten Schwerpunktthemen zu.[57] So zeigt in Abbildung 3.6. die Auswertung des Spiegel-Artikels über die Staatskrise in Kairo, dass neben den Kategorien Ägypten und Kairo auch der Inhalt hinsichtlich Gewalt, Waffen und Krieg erkannt wird.

Abb. 3.6.: Crystal Semantic Analyse (Quelle:Spiegel.de am 14.08.2013)

[55] Download Testversion der Sense EngineTM als firefox plugin:
URL: toolbar.crystalsemantics.com [Stand 24.07.2013]
[56] Homepage Crystal Semantics: URL: http://www.crystalsemantics.com/research [Stand 22.07.2013]
[57] Homepage iSense Technoloy: URL: http://www.isense.net/english/technology/sense-engine/ [Stand 22.07.2013]

3.2.5.2 Semantic Web

Da der Bereich der künstlichen Intelligenz nur begrenzten, meist wissenschaftlichen, Personenkreisen zur Verfügung steht, hat sich hinsichtlich der kommerziellen Nutzung eine alternative Herangehensweise zur semantischen Analyse von Websites am Markt etabliert. Unter dem Überbegriff „Semantic Web" begründet sich hier eine Idee, bei der Informationen von vorne herein so zur Verfügung gestellt werden, dass deren Verarbeitung durch Maschinen ermöglicht wird.

Um eine einheitliche Umsetzung des Vorhabens im Internet zu gewährleisten, hat sich das World Wide Web Consortium (W3C)[58] als Ziel gesetzt, Standards für das Semantic Web zu definieren. Eine einheitliche Logik der Inferenz[59], auf Basis wiederkehrender Zusammenhänge und Bedeutungen, soll es hierbei Maschinen ermöglichen menschliches Denken zu abstrahieren.[60]

Dies geschieht durch Interpretation modelltheoretischer Zusammenhänge zwischen Wörtern und Wortarten. Hierbei wird ein Kontext in Sätze und diese wiederum in Subjekt, Prädikat und Objekt zerlegt.[61]

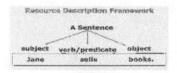

Abb. 3.7.: Beispiel eines Semantic Tripels (Quelle: w3.org)

Die Kombinatorik dieser 3 Satzbausteine (auch Tripel genannt) bildet daraufhin die Grundlage der analytischen mathematischen Betrachtung und Auswertung auf

---

[58] Homepage W3C: URL: http://www.w3.org

[59] Definition Inferenz: Inferenz beschreibt in der Linguistik wie in der Logik eine Schlussfolgerung. Inferenz ist eine komplexe Aufgabe. Damit werden semantisch verkettete Sprachterme vielfältig in Beziehungen gesetzt, die automatisch wieder verwendet werden können. In der propositionalen Inferenz werden bekannte natürlichsprachliche Ausdrücke benutzt, um Schlüsse zu ziehen. URL: http://de.wikipedia.org/wiki/Inferenz_%28Linguistik%29 [Stand 26.07.2013]

[60] Dengel 2012: 27

[61] Breitman/Casanova/Truszkowski 2006: 62

Grundlage logischer Operanten (nicht, und, oder, Implikation, Äquivalenz) sowie ontologischen (beschreibenden) Gesichtspunkten.[62]

Die Ergebnisse dieser mathematisch-statistischen Analyse werden daraufhin in einem eindeutigen RDF-Statement[63] als Metadaten (Daten über Daten) der Website zugeordnet und erlauben damit anderen Computern den Inhalt der Website zu erkennen.[64]

```
<rdf:Description about="[Jane]"
   xmlns:sell="[NS]">
      <buy:myPedicate rdf:resource="[book]"/>
</rdf:Description>
```

Abb. 3.8.: Beispiel eines einfachen RDF Statements (Quelle: w3.org)

Bei RDFs handelt es sich im Gegensatz zur HTML und XML-Sprache somit nicht um eine Form der korrekteren Darstellung von Dokumenten, sondern um die Identifikation von Informationsinhalten und deren Weitergabe.[65]

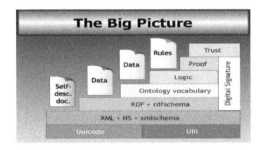

Abb. 3.9.: Aufbau der Layer bei semantischer Analyse mittels RDFs (Quelle: franz.com)

---

[62] Dengel 2012: 28

[63] Ressource Description Framework (RDF) ist eine formale Sprache zur Beschreibung struktureller Inhalte

[64] Breitman/Casanova/Truszkowski 2006: 67

[65] Aufbau des Semantic Web: URL: http://www.franz.com/agraph/gruff/index.lhtml#video-tutorials [Stand 26.07.2013]

Die Nutzung von RDF ist dabei heutzutage in fast allen Programmiersprachen möglich. Die Auswertung von RDF-Statements kann durch frei verfügbare RDF Stores (auch Tripple-Stores genannt) problemlos erfolgen.[66]

3.3.Erfolge messen und optimieren

Eine Festlegung der Zielgruppe und deren Identifikation im Netz stellt aber in den meisten Fällen keine Gewährleistung einer erfolgreichen Werbekampagne dar. Ausschlaggebend dafür ist die Tatsache, dass die Festlegung der Adressaten meist auf theoretischen Annahmen als auch vergangenheitsbezogenen Erfahrungen beruht. Um trotzdem sicherzustellen, dass eine effektive Ansprache interessierter User erfolgt, ist ein professionelles Controlling laufender Werbemaßnahmen unumgänglich. Hierbei haben sich am Markt zwei Verhältnisgrößen als Schlüssel-Indikatoren (KPIs) etabliert, mit denen nicht nur die Erfolgsrate einzelner Aufträge gemessen werden kann, sondern auch die Vergleichbarkeit zwischen diversen unterschiedlichen Platzierungen und Formaten geschaffen wird. Diese Informationen können daraufhin als Grundlage der Kampagnen-Aussteuerung und deren Optimierung genutzt werden.[67]

Im Gegensatz zur TV- oder Printwerbung ermöglicht der Online-Werbemarkt dem Werbetreibenden auch Rückschlüsse auf das Nutzerverhalten. Somit kann neben der Information wie häufig die Werbung angezeigt wurde, auch eine Aussage über den Erfolg der Werbeeinblendung selbst, also in wie weit sie den User interessiert hat, direkt getroffen werden. Hierfür wird die Reaktion des Nutzers nach Einblendung der Werbung verfolgt und gemessen. Diese Nutzerreaktion wird auch als ausführende Handlung, oder im Englischen als „Performance" bezeichnet.[68]

---

[66] Hitzler/Krötzsch/Rudlph/Sure 2008: 35
[67] Bernecker/Beilharz 2009: 168
[68] Hassler 2010: 359f

3.3.1. Click Through Rates

Als weitverbreitetste Messgröße der Performance onlinebasierter Werbemaßnahmen gilt die Klickrate (Click Through Rate, CTR). Bei dieser KPI wird das Interesse des Users anhand seines Klickverhaltens gemessen und optimiert.

Die CTR stellt dabei das Verhältnis der von Usern ausgeführten Klicks zu den angezeigten Ad-Impressions in Prozent dar.[69]

$$CTR = \frac{Klicks * 100}{Impressions}$$

Beide Messgrößen werden hierbei durch den Ad-Server bei der Auslieferung der Werbemittel erfasst und können daraufhin automatisch oder manuell zur Optimierung der Auslieferung herangezogen werden.

Statistische Vergleichsrechnungen erlauben hierbei auch Vorhersagemodelle, die Klickraten einer Werbekampagne schätzen und deren zeitliche Aussteuerung hinsichtlich des User-Verhaltens als auch der gesamten Werbelaufzeit optimieren.[70]

Da die Internetnutzung als auch das Userverhalten zyklischen Ausschlägen im Laufe eines Tages oder einer Woche unterliegen, kann durch Zuhilfenahme dieser KPI die Effizienz einer Onlinewerbe-Kampagne enorm verbessert werden.

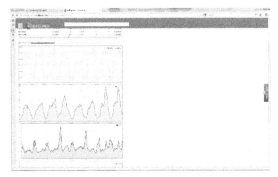

Abb. 3.10.: Darstellung zyklischer Ausschläge im emediate Reporting-Tools „adexplorer"

---

[69] Greifeneder 2006: 123
[70] Doubleclick CTR Optimierung: URL: http://support.google.com/dfp_premium/bin /answer.py?hl=de&answer=184094 [Stand 26.07.2013]

Neben der Verhaltensweise der User selbst, zeigt sich auch, dass die Performance von Werbemitteln stark von deren Format abhängig ist.[71]

So hat der Ad-Server-Anbieter Adtech von Oktober bis Dezember 2008 das Verhalten von Usern auf mehr als 5000 Websites hinsichtlich der CTR in Bezug auf unterschiedliche Werbeformate untersucht.

Als Ergebnis der Studie zeigte sich, dass die Klick-Reaktion stark durch das Anzeigemedium beeinflusst werden kann.

Die nachfolgende Tabelle zeigt die im Zuge dieser Untersuchung festgestellten CTRs der wichtigsten Werbeformen im europäischen Vergleich.[72]

Bannergröße	Europa Ø	UK Ø	DE Ø	CH Ø	SE Ø	DK Ø	F Ø
Pop-up/Layer	0,5	1,23	0,33	0,17	0,15	0,51	0,49
Skyscraper (120x600)	0,3	0,16	0,1	0,12	0,1	0,17	0,26
Wide Skyscraper (160x600)	0,2	0,19	0,13	0,2	0,14	0,17	0,31
Medium Rectangle (300x250)	0,2	0,15	0,24	0,11	0,04	0,14	0,17
Fullsize (468x60)	0,2	0,08	0,07	0,01	0,04	0,12	0,15
Halfsize (234x60)	0,5	0,15	0,48	0,35	0,22	0,1	0,05

Tab. 3.3.: CTR unterschiedlicher Werbeformate (Quelle: adtech.de)

Das Ergebnis dieser Analyse zeigt eindeutig, dass der Erfolg, gemessen an der Klickrate, maßgeblich durch das Werbeformat bedingt ist. So kann die durchschnittliche Performance um mehr als 100% gesteigert werden, wenn man das Format optimiert. Daneben zeigt sich auch eine individuelle Verteilung der bevorzugten Formate im innereuropäischen Vergleich.

---

[71] Wesentlich Werbeformate sind der Arbeit als Anlage 1 beigefügt
[72] Adtech Analyse der CTR: URL: http://www.adtech.de/ausgabe8/newsletter_02-09_CTR_de.htm [Stand 27.07.2013]

3.3.2. Conversion Rates

Doch auch die CTR ist in diesem Zusammenhang nur ein Indikator für den Erfolg und somit der Effizienz des eingesetzten Werbeetats. Tatsächliche Aussagen über die Wirtschaftlichkeit des Mitteleinsatzes können nur mit betriebswirtschaftlichen Kennziffern, wie dem Return-of-Investment (ROI), getroffen werden.[73]

Diese Tatsache führt dazu, dass die Werbebranche neben der CTR eine diffizilere Messgröße eingeführt hat, die eine betriebswirtschaftliche Analyse erlaubt.

Diese Größe, die den Erfolg einer Werbemaßnahme betriebswirtschaftlich bemisst, bezeichnet man als Konversionsrate, engl. Conversion-Rate.

$$Conversion\ Rate = \frac{\text{Anzahl der Abrufe "Danke} - \text{Seite"} * 100}{\text{Impressions}}$$

Die Conversion wird hierbei, je nach Ziel der Werbekampagne, als Hinterlegung persönlicher Daten (Lead-Generierung) bzw. sogar direkter Kauf eines Produkts über einen Online-Store definiert. In beiden Fällen landet der User am Ende seiner Registrierung bzw. seines Kaufs auf einer sogenannten „Dankes-Seite". Diese Seite ist mit einem Tracking-Pixel versehen, die dem Ad-Server mitteilt, dass das Werbeziel zu 100% erreicht ist.[74]

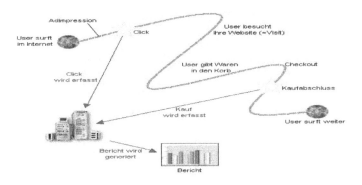

Abb.: 3.11.: Conversion Tracking (Quelle: ebizoptimizer.com)

---

[73] Kaushik 2010: 112
[74] Reese 2009: 38

Ein solches Verfahren wird in der Literatur auch teilweise als CPO[75] Optimierung bezeichnet, da die Möglichkeit besteht über die Conversion-Rate eine Optimierung hinsichtlich umgesetzter Verkaufszahlen durchzuführen.[76]

Zu bedenken ist in diesem Zusammenhang jedoch, dass Zählpixel-Optimierungen alleine auf die Anzahl, nicht aber auf den Wert der einzelnen Käufe zurückgreift, da hier nur quantitative Informationen vorliegen. In Kombination mit den unter Punkt 3.2.2. vorgestellten Cookies, ist es jedoch möglich den Wert des Warenkorbs ebenfalls in die Analyse mit einzubeziehen um qualitative Aussagen treffen zu können.[77]

Qualitative Auswertungen spielen im Bereich von Affiliate-Plattformen eine sehr wichtige Rolle.[78] In der performance-orientierten Onlinewerbung findet sie aufgrund von juristischen Beschränkungen hinsichtlich des Einsatzgebiets von 3rd-Party Cookies nur bedingt Einzug. Hier wird zur Bestimmung der Conversion-Rate in erster Line auf das Trackingpixel-Verfahren zurückgegriffen.

4. Targeting Möglichkeiten im Internet

4.1.Effektivitätssteigerung mittels Targeting

Rückblickend auf die bisherigen Erläuterungen kann man feststellen, dass sich der Erfolg einer Online-Werbemaßnahme an 3 wesentlichen Schlüsselgrößen festmachen lässt.

➢ Aufbau des Werbemittels selbst (Graphik, Text, Bewegbild, Sound, usw.)

➢ Format des Werbemittels (Pop-up, Banner, Skyscraper, Rectangle, usw.)

➢ Platzierung des Werbemittels (Umfeld, Zielgruppe)

---

[75] Cost per Order
[76] Definition CPO-Optimierung: URL: http://www.mediaroute.de/lexikon/cpo-optimierung [Stand 28.07.2013]
[77] Warenkorb-Cookies: URL: http://de.wikipedia.org/wiki/HTTP-Cookie [Stand 28.07.2013]
[78] Bernecker/Beilharz 2009: 269

Die ersten beiden Faktoren sind in erster Linie auf subjektive Betrachtungswinkel zurückzuführen. Alleine die individuellen Geschmacksunterschiede verschiedener Generationen und Geschlechter bieten ein weites Spektrum in der graphischen und inhaltlichen Gestaltung von Werbemitteln.[79] Dass sich auch die Performance unterschiedlicher Werbeformate nicht objektiv bemessen lässt zeigt Tabelle 3.3. des vorherigen Kapitels. Auch hier ist auf Basis des europäischen Vergleichs von Click-Through-Rates keine eindeutige Präferenz ersichtlich und es zeigen sich starke Schwankungen im Bereich der Akzeptanz unterschiedlicher Werbeformate auf.

Die einzige Schlüsselgröße, die in diesem Zusammenhang objektiv bestimmbar und messbar ist, liegt in der Platzierung des Werbemittels. Die Erreichbarkeit der Zielgruppe kann mittels der unter Abschnitt 3.3. erläuterten Messgrößen festgestellt und optimiert werden. Dieser Lösungsansatz steigert die Effektivität und Effizienz jeder Online-Kampagne, indem die Frequenz und die Kontaktquote zu den relevanten Zielgruppen bestimmt und optimiert werden kann.

Dieses Vorgehen, der zielgruppenoptimierten Werbeauslieferung, wird allgemein als Targeting bezeichnet.[80]

Die Konzepte der derzeit weitverbreitetsten Targeting-Lösungsansätze werden nunmehr in den folgenden Kapiteln in ihrer Funktionalität erläutert.

4.2.Optimierung der Werbeplatzierung

Objektiv hat das Umfeld der Werbebotschaft eine starke Auswirkung auf deren Erfolg. So versuchen Werbetreibende ihre Werbung in einem Kontextumfeld zu platzieren, welches dem Produkteigenschaften nahe liegt, bzw. dessen Attribute unterstützt.

---

[79] Kloss 2012: 215f
[80] Targeting für Display-Werbung: URL: http://advertising.microsoft.com/deutschland/targeting-fur-display-werbung [Stand 28.07.2013]

Die Herausforderung in diesem Zusammenhang liegt jedoch darin, dass sich der Kontext einer Website schnell ändern kann, wie es zum Beispiel bei Startseiten von Nachrichtenportalen wie spiegel.de oder focus.de der Fall ist. Daneben existieren auch Websites, die generell keine eindeutigen kontextuelle Inhalte anzeigen und sich je nach Nutzergruppen oder –verhalten individuell aufbauen. Ein Beispiel hierfür sind Suchmaschinenanbieter, bei denen sich der Inhalt der Seite erst nach Eingabe des Suchbegriffs zusammensetzt und sich aufgrund veränderter einzelner Worte oder gar Buchstaben jeweils individuell aufbaut.

Da sowohl spiegel.de, google.com, oder bing.de aufgrund ihrer Popularität über eine sehr hohe Reichweite verfügen und unterschiedlichste Zielgruppen ansprechen können, ist gerade auf diesen Seiten eine Werbeplatzierung sehr attraktiv. Grundvoraussetzung hierfür ist jedoch, dass eine Möglichkeit besteht unter der Vielzahl von Nutzergruppen diejenige zu identifizieren, die für die Werbebotschaft empfänglich ist.

Dies kann hier unter anderem durch unterschiedliches Targeting auf das variierende textuelle Umfeld von Websites oder ganzen Netzwerken erfolgen.[81]

4.2.1. Keyword Targeting

Den Begriff Keyword-Targeting lässt sich am einfachsten anhand des Suchmaschinen-Marketings (SEM) erläutern, denn dieses Targeting-Modell stellt die zentrale Finanzierungsquelle der Suchmaschinen Google und Bing dar.[82]

Werbetreibende können hierbei z.B. über das Google-eigene Tool AdWords Suchbegriffe zu unterschiedlichen Preisen belegen. Sobald ein User dann eine passende Suchanfrage stellt, wird die zugehörige Werbung von Google neben das entsprechende Suchergebnis eingespielt.

---

[81] Greifeneder 2006: 19f
[82] Definition Keyword-Advertising: URL: http://de.wikipedia.org/wiki/Keyword-Advertising [Stand 28.07.2013]

Abb. 4.1.: Google AdWords Werbeeinblendung (Quelle: google.com)

Um dem Werbetreibenden eine gewisse finanzielle Sicherheit zu gewährleisten, wird in diesem Verfahren auf eine CPM-Abrechnung verzichtet und der Suchmaschinenanbieter erhält nur bei einem Anklicken der entsprechenden Werbebotschaft eine Vergütung auf Basis eines Klickpreises (CPC).[83]

Die Preisfindung erfolgt bei diesem Targeting-Model über ein transparentes Bietverfahren, bei dem neben dem Keyword selbst, auch Zusatzkriterien wie beispielsweise regionale Beschränkungen oder zeitliche Vorgaben Berücksichtigung finden. Neben diesen vom Werbetreibenden vordefinierten Parametern lässt Google auch die bereits erzielten Klickraten einzelner Kampagnen in die Optimierungsanalyse mit einfließen um die Performance der angezeigten Werbungen zu maximieren. Wegen des Auktionscharakters hängt der tatsächlich zu zahlende Preis stark von der Nachfrage nach einzelnen Wörtern ab. Um die Kosten kontrollieren zu können, besteht die Möglichkeit Tags- oder Monatslimits zu definieren.[84]

---

[83] Aden 2009: 225ff
[84] Lammenett 2009: 91

Die Performance der Kampagne kann über die integrierte Analyse-Funktionalität von AdWords jederzeit überwacht werden. Dies ermöglicht kurzfristig durch Veränderung der Preis- und Austeuerungsparameter Einfluss auf den Erfolg der Werbemaßnahme zu nehmen.

Abb. 4.2.: Google AdWords Settings (Quelle: google.com)

In ähnlicher Weise funktioniert das Keyword-Targeting bei Kampagnen, die über Adserver z. B. auf Nachrichtenseiten ausgeliefert werden. Hier besteht die Möglichkeit innerhalb des Setups frei, oder mit Hilfe von Auswahllisten, einzelne oder kombinierte Keywords ein- bzw. auszuschließen. Ausschlüsse beziehen sich in diesem Zusammenhang häufig auf wettbewerbsproblematischen Sachverhalten sowie auf Platzierungen in pornographischen, gewalttätigen, oder radikalen Umfeldern.

Abb. 4.3.: Auslieferungslogik keyword-targeting

Diese Funktionalität gehört zu den Standard-Targeting-Möglichkeiten moderner AdServer. Beispielsweise erlaubt der AdServer emediate bis zu 3 Keyword-Gruppen mit bis zu 65.000 Keywords zur besseren Aussteuerung der Kampagne festzulegen.[85]

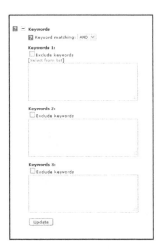

Abb. 4.4.: Keyword Targeting im AdServer emediate (Quelle: emediate.com)

Das Keyword-Targeting offeriert somit den Werbetreibenden eine gezielte Ansteuerung ihrer Werbungen hinsichtlich einzelner Schlüsselbegriffe, selbst wenn der Content der Website starken Schwankungen unterliegt. Folglich eröffnet sich hierdurch die Möglichkeit Nutzergruppen gezielt auf Seiten zu erreichen deren Inhalt variabler Gestalt sind.

---

[85] Keyword Targeting in emediate: URL:
http://classroom.emediate.com/doku.php?id=manuals:advertising:add_campaign:targeting:keywor
ds:start [Stand 28.07.2013]

4.2.2. Semantisches Targeting

Die potentielle Gefahr, die durch eine Keyword-gesteuerte Werbeauslieferung auftreten kann, zeigen folgende Beispiele auf. Da der kontextuelle Zusammenhang nicht berücksichtigt wird, kann der Inhalt eines Artikel stark von der Werbebotschaft abweichen und schlimmstenfalls sogar gegenläufige Effekte erzeugen, obwohl eine hohe Übereinstimmung mit den vorher festgelegten Schlüsselbegriffen vorliegt.

Abb. 4.5.: Schlechte Werbeplatzierungen (Quelle: bad-ad.net)

So wurde ein von Mercedes-Benz zur Fußballfrauen-WM 2011 geschaltete Werbung mit dem Slogan „Jetzt seid ihr dran, Mädels!" auf Grundlage von Keyword-Targeting bei welt-online, durch übereinstimmende Keywords als passend zu einem Vergewaltigungsbericht eingestuft und eingeblendet. Ähnliches geschah 2012 mit der Snickers Werbebotschaft „und der Hunger ist gegessen", die neben einem Artikel über die chronische Unterernährung in 29 Staaten auftauchte. Hierbei handelt es sich leider nicht um Einzelfälle.[86]

---

[86] Platzierungen in Markenschädlichen Umfeldern: URL: http://www.isense.net/brand-protection/bad-ads/ [Stand 30.07.2013]

Um dieses Risiko für den Werbetreibenden zu minimieren, entwickelten Unternehmen der online-Werbevermarktung, wie beispielsweise ad pepper media, Lösungen, die in der Lage sind, semantische Interpretationen des Website-Contents durchzuführen.

Die bei ad pepper media unter dem Markennamen „iSense" genutzte Technologie erfasst hierbei in Sekundenbruchteilen bei jedem Öffnen einer mit Werbe-Tags versehenen Website das vorhandene Website-Inventar und übermittelt dies an die semantische Analyse-Plattform „Sense Engine". Hier erfolgt eine semantische Analyse des Websiteinhaltes im Sinne des unter Absatz 3.2.5. „Semantische Analyse" beschriebenen Vorgehens. Dem Adserver wird darauf hin der kontextuelle Inhalt der Website mitgeteilt und ein dementsprechend passendes Werbemittel ausgeliefert. Sollte der Inhalt nicht mit vorher definierten Themenfeldern übereinstimmen, wird der Werbeplatz nicht mit Werbemitteln des Adserver versehen und leer an den Publisher als inakzeptable Werbefläche zurückgegeben.[87]

Abb. 4.6.: Auslieferungslogik iSense

---

[87] Sicheres Display advertising mit Hilfe von iSense: URL:
http://www.adpepper.com/advertiser/display-advertising/precise-campaign-placement-with-isense-display/ [Stand 30.07.2013]

Diese Weiterentwicklung des Keyword-Targetings kombiniert somit die Intention Zielgruppen über inhaltliche Übereinstimmung von Werbung und kontextuellen Umfeld gezielt zu erreichen, mit der Sicherheit, dass negative bzw. unpassende Websiteinhalte frühzeitig erkannt und nicht in Zusammenhang mit der Werbebotschaft gebracht werden.[88]

4.3.Gezielte Auswahl der Adressaten

Neben der indirekten Optimierung der Zielgruppenerreichbarkeit, durch bestmögliche Platzierung der Werbemittel im für die Zielgruppe interessanten Werbeplatzumfeld, erlaubt das Internet mit Zuhilfenahme technischer Mittel auch das direkte Targeting auf die entsprechende Zielgruppe.

4.3.1. Geo-Targeting

Geo-Targeting lässt sich am besten anhand eines lokal agierenden Unternehmens erklären. Nimmt man beispielsweise den Aktionsradius des Verkehrsverbundes Großraum Nürnberg (VGN), der sich auf einen Umkreis von ca. 80 km um die Stadt Nürnberg begrenzt, kann man daraus ableiten, dass sich die Zielgruppe für Werbeaktionen der VGN ebenfalls hauptsächlich in diesem geographischen Gebiet bewegt. Nichtsdestotrotz sind überregionale Reise- und Transportprotale für die VGN ein zielgruppenrelevanter Werbeplatz, der sich zur Auslieferung der Werbemittel optimal eignet.

Um jedoch die Streuverluste der Werbung bei den Besuchern solcher Portale so gering wie möglich zu halten, wird aufgrund der IP-Adresse des Users bestimmt, wo sich dieser zum Zeitpunkt des Portalaufrufs befindet und die Werbung der VGN vom Adserver nur dann ausgeliefert, wenn sich diese IP innerhalb der vorbestimmten geographischen Region befindet.[89]

---

[88] Semantisches Targeting: URL: http://de.wikipedia.org/wiki/Semantisches_Targeting [Stand 30.07.2013]
[89] Bernecker/Beilharz 2009: 164f

Da IP-Adressen regional vergeben werden, beinhalten diese immer Informationen über den Standort des Users und lassen daher ein Targeting in Bezug auf Postleitzahlen, Orte und Regionen ohne weiteres zu.[90]

Dieses Prinzip der „Ortung" eines PCs über seine IP Adresse kann beispielsweise auf dem Portal www.utrace.de für jede beliebige IP Adresse nachvollzogen werden. Hierbei wird die geographische Einordnung der IP auf google-maps dargestellt. Geringe Abweichungen zum tatsächlichen Standort sind hierbei durchaus möglich und basieren auf der Tatsache, dass der Standort des Einwahlknoten für den Internetzugang maßgeblich die IP beeinflusst und nicht immer exakt mit dem Standort des Computers übereinstimmt.[91]

Abb. 4.7.: Geo-Targeting einer IP-Adresse (Quelle: utrace.de)

---

[90] Meinel/Sack 2004: 497ff
[91] Aden 2009: 178

4.3.2. Retargeting

Das Retargeting entstammt der Annahme, dass man die Gewohnheiten und Neigungen eines Users nicht nur an seinem aktuellen Seitenaufruf im Internet festmachen kann, sondern vielmehr die Historie seines Verhaltens im Netz berücksichtigen muss. Diese Idee einen User, der sich in der Vergangenheit für ein Thema oder Produkt interessiert hat im Netz wiederzufinden, wird hierbei als Re- (wiederfindendes) Targeting bezeichnet und mit Hilfe von Cookie-Informationen[92] umgesetzt.[93]

Hat beispielweise ein User in einem Internet-Shop, wie amazon.de oder zalando.de, Artikel in seinen Warenkorb gelegt und dann den Shop vor Abschluss seines Einkaufs verlassen, kann davon ausgegangen werden, dass genau dieser User Interesse – und zwar direktes Kaufinteresse – an diesem bestimmten Produkt hat.

Da der Inhalt des Warenkorbs selbst bei Verlassen des Shops als Cookie auf dem Rechner des Users gespeichert bleibt, geht diese Information nicht verloren und kann als Anhaltspunkt für Werbeeinblendungen genutzt werden, auch wenn der User selbst sich auf Websites befindet, die inhaltlich keinerlei Übereinstimmung mit dem Produkt an sich haben.[94]

Beim Retargeting ist folglich das kontextuelle Werbeumfeld, welches in der klassischen Onlinewerbung als Maßstab für die Zielgruppendefinition gilt, nicht mehr von Bedeutung, da vielmehr die individuellen Interessen des Users direkt über den Cookie gemessen, ausgewertet und angesteuert werden können.

Der Erfolg dieser maßgeschneiderten Werbung lässt sich durch Vergleich der Klickraten (CTR) auf Werbemittel festmachen. So kann das Retargeting im Schnitt eine fünf- bis zehnfach höhere CTR aufweisen als die klassische Onlinewerbung.[95]

---

[92] Funktionsweise von Cookies ist in Absatz 3.2.2. Cookies detailiert erklärt.
[93] Vorgehensweise bei Retargeting: URL: http://www.experto.de/b2b/marketing/online-marketing/retargeting-segen-fuer-werbetreibende-fluch-fuer-datenschuetzer.html [Stand 30.07.2013]
[94] Cookie-basiertes Retargeting: http://www.adroll.com/retargeting [Stand 31.07.2013]
[95] Retargeting: URL: http://www.handelsblatt.com/unternehmen/handel-dienstleister/retargeting-wenn-produkte-die-kunden-verfolgen/4617122.html [Stand 31.07.2013]

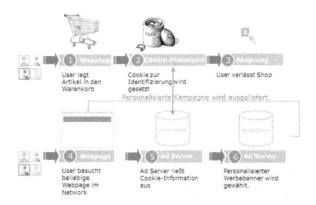

Abb. 4.8.: Retargeting

Ein nicht zu vernachlässigendes Problem das im Zuge des Retargetings auftreten kann, ist eine Überschwemmung des Users mit monotoner Werbung. Durch zu aggressiv angezeigte Werbung des immer wieder gleichen Produkts kann die Wirkung der Werbebotschaft schnell eine gegenläufige, ablehnende Haltung beim User erzeugen, denn es kann durchaus auch der Fall sein, dass dieser absichtlich das Produkt nicht final erwerben wollte und sich nun durch die Werbung penetriert fühlt.[96]

4.3.3. Audience Targeting

Um der Falschinterpretation von Einzelbetrachtungsfaktoren, wie es beim Retargeting der Fall sein kann, entgegenzuwirken, versucht man beim Audience-Targeting unterschiedlichste Informationsquellen miteinander zu kombinieren um so ein genaueres und vielschichtigeres Bild der User und ihres Verhaltens (Behaviour) zu erhalten.

---

[96] Retargeting Prboblematiken: URL:
http://www.advertiserberatung.de/blog/2011/02/03/retargeting-definition-problematik-und-loesungsansaetze/ [Stand 31.07.2013]

So kann man beispielsweise von einem User, in dessen amazon-Einkaufskorb sich ein Laptop befindet, er gleichzeitig Artikel über mobiles Arbeiten liest und sich über Newsletter bezüglich Veränderungen im Mobilfunksektor informiert, davon ausgehen, dass es sich hier um einen technisch interessierten als auch mobilen Menschen handelt.

Je mehr Informationen über eine Person gesammelt werden können (Data-Mining), je genauer kann diese klassifiziert und gezielt mit der für sie interessanten Werbung versorgt werden.[97]

Die Datenbank des amerikanischen Audience-Targeting Anbieters visualDNA.com bietet in diesem Zusammenhang eine sehr gute Übersicht über die Möglichkeiten des Data-Minings.[98]

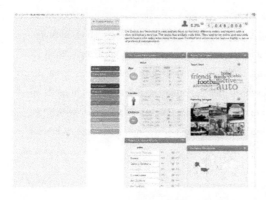

Abb. 4.9.: Audience Targeting am Bespiel von visualDNA

Die in Abbildung 4.9. dargestellte Übersicht zeigt eine Auswertung von an Autos interessierten Internetusern, die visualDNA in seiner Datenbank verfügbar und klassifiziert hat. Diese Auswahl kann aufgrund von angereicherten Zusatzinformationen nach z. B. Alter, Geschlecht, Anzahl der Kinder, Verbindungen zu anderen Interessensgruppen als auch geographischer Ansiedlung untergliedert werden.

---

[97] Li/Hanks/Shen 2011: 9ff
[98] Audience Tool visual DNA: URL: http://audiences.visualdna.com/visualdna [Stand 31.07.2013]

Auf Basis dieser Daten kann nunmehr eine gezielte Ansprache von Nutzergruppen (Audience-Groups) durchgeführt werden, als auch der Inhalt der Werbebotschaft nach zusätzlichen Interessengebieten der ausgewählten Zielgruppe erfolgen.

Ein Autohersteller, der einen Familienwagen auf den Markt bringen will, konzentriert hierbei seine Werbe-Aufmerksamkeit auf Familien mit Kindern, wohingegen ein Sportwagenhersteller in erster Linie die finanzielle Situation seiner Werbe-Adressaten als Kriterium anlegen wird.

Diese Separierung kann weder durch Keywords noch semantisches Targeting erzielt werden. Zwar könnte man auch hier die Gruppe der Autointeressierten erreichen, aber eine tiefgreifendere Aufteilung, ob z. B. ein User an einem Family-Van oder einem Sportwagen interessiert ist, kann nur durch die direkte Analyse des Userverhaltens und dessen Historie erfolgen.

Die Zielsetzung des Audience Targeting-Ansatzes ist es somit Muster aus dem historischen Verhalten der User zu ziehen und diese durch ihr Verhaltensmuster und ihre Interessen in Cluster einzuordnen, welche nach Bedarf für zielgerichtete und Interessen-konvergente Werbebotschaften zur Verfügung stehen.[99]

4.3.4. Statistical Targeting

Die Erweiterung des Audience-Targeting, stellt das statistische Targeting dar. Hier wird neben dem Verhaltensmuster des Users selbst auch versucht im Verhalten aller Nutzer eine Tendenz und Übereinstimmung hinsichtlich bestimmter bestehender Interessenlagen zu erkennen, um mit Hilfe dieser Information eine Art Vorhersage (Prediction) auf das Verhaltens eines Individuums treffen zu können. [100]

---

[99] Chaffey/Mayer/Johnston/Ellis-Chadwick 2001:334f
[100] Targeting Ansätze: URL: http://de.wikipedia.org/wiki/Predictive_Behavioral_Targeting [Stand 31.07.2013]

Beispielhaft hierfür ergibt sich auf Grundlage der Suche nach einer Hängematte bei amazon.de eine Empfehlung auf weitere Produkte, die bereits andere Käufer oder Interessenten des Produkts aufgerufen hatten. Auf Basis dieser allgemeinen Vernetzung von Artikeln werden statistische Zusammenhänge hinsichtlich Produktaufrufen und Kaufverhalten ermittelt und Verbindungen zum tatsächlich gesuchten Artikel aufgezeigt. Dabei wird nunmehr mathematisch ermittelt, dass Hängemattengestelle und -halterungen häufig zusammen mit Hängematten erworben werden und somit statistisch ein allgemeiner Zusammenhang dieser Artikel besteht. Daher kann mit Hilfe dieser statistischen Erhebung davon ausgegangen werden, dass jeder individuelle User, der sich für Hängematten interessiert, auch für diese Art von Artikeln zugänglich ist.

Abb. 4.10.: Statistical Targeting am Bespiel einer Suche nach „Hängematten" (Quelle: amazon.de)

Dieses Verfahren kann auch zur Anreicherung der Daten, welche aus dem persönlichen Verhalten der User generiert wurden, herangezogen werden. So werden z. B. Besucher bestimmter Websites wie Brigitte.de, Petra.de oder Freundin.de aus empirischen Untersuchungen hauptsächlich als weiblich klassifiziert.[101] Besucht ein User mehrere dieser für Frauen typischen Seiten, steigt die Wahrscheinlichkeit, dass es sich hier tatsächlich um eine Frau handelt.[102]

---

[101] Mediadaten Brigitte.de: URL: http://ems.guj.de/online/portfolio/brigittede/zielgruppe/ [Stand 31.07.2013] Mediadaten Freundin.de liegt als Anlage 3 bei.
[102] Li Y./Hanks S./Shen D. 2011: 3ff

Diese empirische Analyse lässt somit eine statistisch hoch wahrscheinliche Zuordnung zu, selbst wenn diese Information (noch) nicht direkt vom User selbst abgefragt werden konnte. Ähnlich wie bei amazon wird daher versucht verschiedenste Daten miteinander zu verknüpfen, bis eine annähernd sichere Zuordnung erfolgen kann. Ausschlaggebend ist hierbei, dass die Zuordnung über mehrere Datenquellen als auch durch eine valide Anzahl von Information gestützt wird, da es ansonsten schnell zu Falschinterpretationen kommen kann.[103]

4.3.5. Social Media Targeting

Der sich im letzten Jahrzehnt vollzogene Wandel im Internet über Web2.0 hin zu sozialen Netzwerken hat seine Spuren auch in der Strategie und Ausrichtung der digitalen Werbung hinterlassen.

Nachdem man anfänglich facebook, xing und twitter hauptsächlich im Bereich der Marktforschung nutzte, zeigen sich seit einigen Jahren auch Tendenzen, die in diesen Netzwerken zur Verfügung stehenden Informationen direkt zur Ansprache entsprechender Zielgruppen zu verwenden. So versuchen nach einer BITCOM Studie fast 30% der deutschen Unternehmen offene Stellen über soziale Netzwerke zu besetzen. Der Grund dafür liegt zum einem in der freiwilligen Offenlegung persönlicher Daten und Fakten als auch in der Vernetzung der User untereinander.[104]

Die dem Werbetreibenden, egal ob dieser einen Job oder ein Produkt bewirbt, standardmäßig zur Verfügung stehenden Kriterien wie Alter, Geschlecht, Interessen, Wohnort, Familienstand, Freundes- und Kollegenkreis sind anderweitig wesentlich schwerer zu sammeln oder zu generieren. Daher sind die Erfolgsparameter für eine zielgerichtete Ansprache nirgends so gut gegeben wie in sozialen Netzwerken.[105]

---

[103] Tapp A. 2000: 34f
[104] Grabs A./Bannour K. 2012: 270
[105] 7 Things you need to consider before using facebook ads: URL: http://socialmediatoday.com/node/1438616 [Stand 03.08.2013]

Mit Facebook Places besteht darüber hinaus die Möglichkeit den genauen Standort des Users zu ermitteln, sobald dieser auf seinem Smartphone die facebook-App aktiviert hat. Folglich besteht auch hier die Möglichkeit in Echtzeit auf User einzuwirken, die sich im engeren lokalen Umkreis zu einem Zielort befinden.[106]

Durch die in den sozialen Netzwerken zur Verfügung stehenden Daten kann für jeden einzelnen User ein exaktes Profil seiner Interessen und Verflechtungen erstellt werden, die den Unternehmen alle notwendigen Daten für zielgruppengerechte Werbeansprachen liefern können. So erwarten mehr als 60% der Unternehmen einer 2011 von PIVOT durchgeführten Umfrage, dass sich diese Werbeform für sie auszahlen wird und mehr als die Hälfte der Befragten gaben an, dass sie bereits mit den Erfolgen zufrieden, oder sogar sehr zufrieden sind.[107]

5. Datenschutzrechtliche Aspekte

Die im Zuge des Targetings notwendige Sammlung und Analyse von Daten ist in den letzten zehn Jahren immer wieder Teil öffentlicher Diskussion. Im Vordergrund steht dabei in erster Linie die Frage, ob Daten, die über das Netz verfügbar sind allgemeine oder persönliche Daten darstellen und darüber hinaus ob Web-Analyse allgemein rechtens ist.[108]

In dieser Diskussion ist die Tatsache, dass die Verarbeitung personenbezogener Daten nur unter der Zustimmung des Nutzers stattfinden darf, unumstritten.[109]

Im Bereich des Internets stellt sich nun aber die Frage, was eigentlich personenbezogene Daten im Netz sind. Ist eine IP-Adresse, die nur einen Maschine identifiziert, die durchaus von mehreren anonymen Usern genutzt werden kann, als persönliches Datum klassifizierbar; ohne das klargestellt werden kann welche Person sich tatsächlich hinter dem Bildschirm befindet?

---

[106] Grabs A./Bannour K. 2012: 308
[107] PIVOT survey results: URL: http://www.briansolis.com/2011/08/report-the-rise-of-the-social-advertising/ [Stand 03.08.2013]
[108] Aden 2009: 174
[109] Reese 2009: 125

Sind persönliche Daten, wie z.B. Geburtstag, Alter, Familienstand und Name der Kinder noch persönliche Daten, wenn sie bereits über facebook der gesamten Weltöffentlichkeit preisgegeben sind?

Hierbei treffen zwei wesentlich unterschiedliche ordnungspolitische Philosophien bei der Beantwortung dieser Fragen aufeinander. Auf der einen Seite überlässt die USA dem Datenschutz der Selbstregulierung der Märkte und vertritt hier unter anderem den Ansatz, dass User, die ihre Daten auf Plattformen wie facebook oder twitter hinterlassen, dies mit der Intention des Teilens vollziehen und dementsprechend auch mit den Freigabe ihrer Daten einverstanden sind. Im Fall dass jemand datenschutzrechtliche Bedenken hätte, würde er diese Plattformen nicht nutzen und alternative Kommunikationswege wählen.

Auf der anderen Seite vertritt die Europäische Union den Ansatz der Fremdregulierung. Im Gegensatz zu den USA ist im europäischen Raum der Einsatz von Cookies durch EU-Direktiven beschränkt und IP-Adressen dürfen nur anonymisiert zu Targeting-Zwecken eingesetzt werden.[110]

Die daraus resultierenden strengeren Datenschutzstandards schlagen sich auch im Exportverbot personenbezogener Daten in Drittländer mit niedrigeren Standards nieder. Somit sind Übermittlungen von Daten in die USA auch nur dann möglich, wenn sich der dortige Empfänger freiwillig europäischen Richtlinien unterwirft (Safe Harbor-Abkommen).[111]

---

[110] Datenschutz in Europa: URL: http://www.computerwoche.de/a/cookie-richtlinie-in-europa,2518064 [Stand 05.08.2013]
[111] Fritz W. 2004: 78

6. Fazit und Ausblick

Zusammenfassend kann festgestellt werden, dass sich der Onlinewerbemarkt nicht nur durch den stetig steigenden Nutzerkreis des Internets weiterentwickeln wird, sondern dass das Hauptaugenmerk der Werbetreibenden in der durch das Targeting ermöglichten Reduzierung des Streuverlustes liegt. In keinem anderen Medium ist es möglich die Zielgruppe so exakt zu bestimmen und zu erreichen, wie es die elektronischen Medien und hier insbesondre das Internet ermöglichen.

Die durch gezieltes Targeting erreichte Zielgruppenansprache ist hierbei nicht nur für den Werbetreibenden vorteilhaft. Auch der Internet-Nutzer erhält durch diese Maßnahmen eine für seine Bedürfnisse und Interessen optimale Ansprache und Angebote. Das allseits bekannte „Spamming" von Werbung, welches die E-Mail-Inbox mit ungewollter und nicht interessanter Werbung verstopfte, gehört durch gezielte Targetinglösungen der Vergangenheit an.

Wie in vielen anderen Bereichen gibt es auch im Bereich des Targetings schwarze Schafe, die die Erkenntnisse der Datenanalyse und -klassifzierung missbrauchen wollen. Daher ist eine gesetzliche Regelung dieses Bereichs unumgänglich. Im Zeitalter der Globalisierung und des weltweiten Netzzugriffs ist aber eine lokale Lösung, wie sie von der EU umgesetzt wird nicht zielführend. Auch eine Beschränkung oder ein Verbot von Analysetools wird die Weiterentwicklung der gezielten Useridentifizierung und –ansprache nicht verhindern können, da die globalen wirtschaftlichen Interessen hierfür immer Mittel zur Verfügung stellen werden die aktuellen Beschränkungen zu umgehen und neue Wege des Targetings zu entwickeln und am Markt zu etablieren.

Vielmehr ist ein gesellschaftliches Umdenken gefragt, indem die Eigenverantwortung jedes Internet-Nutzers im Vordergrund stehen muss und nicht gesetzliche Vorgaben. User, die ihr gesamtes Leben im Internet veröffentlichen, können nicht gleichzeitig darauf bestehen, dass sie als Individuum unerkannt bleiben müssen.

Anonymes Verhalten im Netz ist ein Mythos, der alleine aus technischen Gesichtspunkten und der Funktionsweise des Internets unmöglich ist. Jeder der sich im Netz bewegt ist bis zu einem bestimmten Grad identifizierbar. Dieser Tatsache muss sich jeder Internet-Nutzer genauso bewusst sein, wie dem Fakt, dass ein Netz ohne Werbung nie existieren wird. Nur durch Werbung besteht die Möglichkeit ohne wirtschaftlichen Totalschaden kostenlose Services wie E-Mail-Accounts, online-Zeitschriften, Spieleportale und vieles mehr, anzubieten.

Es stellt sich daher nur die Frage welche Werbung wir im Netz sehen. Da es sowohl für den Werbetreibenden als auch den Internet-User selbst von Vorteil ist eine individuell passende Werbebotschaft zu nutzen, wird sich das Vorgehen des Targetings weder stoppen noch einschränken lassen, denn nur durch eine gezielte Ansprache von Usern kann eine effektive Werbemaßnahme umgesetzt werden.

Abbildungsverzeichnis

Abb. 1.1.: Entwicklungstendenz Print und Online — S. 6

Abb. 2.1.: Risikoverteilung zwischen Advertiser und Publisher — S. 10

Abb. 3.1 Zufriedenheitsstudie hinsichtlich effizienter Werbemedien — S. 15

Abb. 3.2: 1st Party Cookie — S. 18

Abb. 3.3: 3rd Party Cookie — S. 19

Abb. 3.4.: Fingerprinting eines Computers — S. 21

Abb. 3.5.: Semantischer Themenbaum — S. 24

Abb. 3.6.: Crystal Semantic Analyse — S. 25

Abb. 3.7.: Beispiel eines Semantic Tripels — S. 26

Abb. 3.8.: Beispiel eines einfachen RDF Statements — S. 27

Abb. 3.9.: Aufbau der Layer bei semantischer Analyse mittels RDFs — S. 27

Abb. 3.10.: Darstellung zyklischer Ausschläge im emediate Reporting-Tools „adexplorer" — S. 29

Abb.: 3.11.: Conversion Tracking — S. 31

Abb. 4.1.: Google AdWords Werbeeinblendung — S. 34

Abb. 4.2.: Google AdWords Settings — S. 35

Abb. 4.3.: Auslieferungslogik keyword-targeting — S. 36

Abb. 4.4.: Keyword Targeting im AdServer emediate — S. 37

Abb. 4.5.: Schlechte Werbeplatzierungen — S. 38

Abb. 4.6.: Auslieferungslogik iSense — S. 39

Abb. 4.7.: Geo-Targeting einer IP-Adresse — S. 41

Abb. 4.8.: Retargeting — S. 42

Abb. 4.9.: Audience Targeting am Beispiel von visualDNA — S. 43

Abb. 4.10.: Statistical Targeting am Bespiel einer Suche nach „Hängematten" — S. 45

Tabellenverzeichnis

Tab. 3.1.: Internet Nutzertypologie von @facts   S. 13

Tab. 3.2.: Entwicklung der Internet-Nutzer in % der deutschen Bevölkerung   S. 14

Tab. 3.3.: CTR unterschiedlicher Werbeformate   S. 30

Abb. 3.2: 1st Party Cookie   S. 18

Abb. 3.3: 3rd Party Cookie   S. 19

Quellenverzeichnis

Aden T. (2009): Google Analytics, München: Carl Hanser Verlag

Alby T. (2008): Web 2.0, 3. überarbeitete Auflage, München: Carl Hanser Verlag

Badach A./Rieger S./ Schmauch M. (2003): Web-Technologien, München: Carl Hanser Verlag

Bernecker M./Beilharz F. (2009): Online-Marketing; Tipps und Hilfen für die Praxis, Johanna-Verlag

Bhattacharjee E. (1998): Profi-Merketing im Internet, 2. aktualisierte Auflage, München: Haufe Verlagsgruppe

Bogner T. (2006): Strategisches Online-Marketing; Wiesbaden: Deutscher Universitätsverlag

Breitman K./Casanova M./Truszkowski W. (2007): Sematic Web, Concepts, Technologies and Applications, London: Springer Verlag

Chaffey D./Mayer R./Johnston K./Ellis-Chadwick F. (2001): Internet-Marketing, München: Pearson Education

Dengel A. (2012): Semantische Technologien; Heidelberg: Spektrum Akademischer Verlag

Fritz W. (2004): Internet-Marketing und Electronic Commerce, 3. Auflage, Wiesbaden: Gabler

Grabs A./Bannour K. (2012): Follow me! Erfolgreiches Social Media Marketing; Bonn: Galileo Press

Greifeneder H. (2006): Erfolgreiches Suchmaschinen-Marketing, 1. Auflage, Wiesbaden: Gabler

Hassler M. (2010): Web Analytics, 2. erweiterte Auflage, Heidelberg: mitp

Heidemann H. (2000): Grundlagen des Marketing; Nürnberg: Eigenverlag Prof. Dr. Heidemann

Hitzler P./Krötzsch M./Rudolph S./Sure Y. (2008): Semantic Web; Berlin: Springer Verlag

Hünerberg R. (1996): Handbuch Online Marketing - Wettbewerbsvorteile durch weltweite Datennetze; Landsberg/Lech: Heise Verlag

Kaushik A. (2010): Web Analytics 2.0, Indianapolis, Indiana (USA): Wiley Publishing Inc.

Kloss I. (2012): Werbung; Handbuch für Studium und Praxis, 5. Vollständig überarbeitete Auflage, München: Verlag Franz Vahlen

Lammenett E. (2009): Praxiswissen Online-Marketing, 2. aktualisierte und erweiterte Auflage, Wiesbaden: Gabler.

Li Y./Hanks S./Shen D. (2011): Data Mining and Audience Intelligence for Advertising; San Diego, Eigenverlag

Lohse S. (2006): Professionelles Website-Marketing; Mit der eigenen Homepage Geld verdienen, München und Ravensburg: GRIN Verlag GbR

Meffert H/Burmann C./Kirchgeorg M (2008): Marketing: Grundlagen marktorientierter Unternehmensführung., 10. Auflage; Wiesbaden: Gabler Verlag

Meinel C /Sack H. (2004): WWW, Berlin: Springer Verlag

Reese F. (2009): Web Analytics- Damit aus Traffic Umsatz wird, 2. Auflage; Göttingen: Business Village

Schnettler J./Wendt G. (2003): Marketing und Marktforschung; Berlin: Cornelsen Verlag

Streeck K. (2006): Management der Fantasie; München: Fischer Verlag

Tapp A. (2000): Principles of Direct and Database Marketing, 2nd edition, London (UK): Pearson Education

van Eimeren B./Frees B. (2007): Internetzung zwischen Pragmatismus und YouTube-Euphorie, Heft 8/2007; ARD/ZDF-Online-Studie 2007

Wöhr H. (2004): Web-Technologien, 1. Auflage, Heidelberg: dpunkt.verlag

Anlage 1:

Standard Werbeformate:

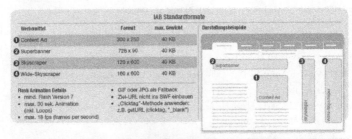

Anlage 2:

Fingerprinting:

How Unique — and Trackable — Is Your Browser?

Your browser fingerprint appears to be unique among the 2,820,428 tested so far.

Currently, we estimate that your browser has a fingerprint that conveys at least 21.43 bits of identifying information.

The measurements we used to obtain this result are listed below. You can read more about our methodology, statistical results, and some defenses against fingerprinting in this article.

Help us increase our sample size:

Browser Characteristic	bits of identifying information	one-in-x browsers have this value	value
User Agent	10.3	1261.37	Mozilla/5.0 (Windows NT 6.1; rv:16.0) Gecko/20100101 Firefox/16.0
HTTP_ACCEPT Headers	5.98	62.23	text/html, */* gzip, deflate de-de,de;q=0.8,en-us;q=0.5,en;q=0.3
Browser Plugin Details	21.43+	2820428	Plugin 0: Adobe Acrobat; Adobe PDF Plug-In For Firefox and Netscape "9.6.4"; nppdf32.dll; (Acrobat Portable Document Format; application/pdf; pdf) (Adobe PDF in XML Format; application/vnd.adobe.pdfxml; pdfxml) (Adobe PDF in XML Format; application/vnd.adobe.xfdf; xfdf) (Acrobat Forms Data Format; application/vnd.fdf; fdf) (XML Version of Acrobat Forms Data Format; application/vnd.adobe.xfdf; xfdf) (Acrobat XML Data Package; application/vnd.adobe.xdp+xml; xdp) (Adobe FormFlow99 Data File; application/vnd.adobe.xfo+xml; xfo). Plugin 1: Citrix ICA Client; Citrix ICA Client Plugin (Win32); npicaN.dll; (Citrix ICA; application/x-ica; ica). Plugin 2: Google Earth Plugin; GEPlugin; npgeplugin.dll; (GEPlugin; application/geoplugin;). Plugin 3: Google Update; Google Update; npGoogleUpdate3.dll; (application/x-vnd.google.update3webcontrol.3) (application/x-vnd.google.oneclick8; 9;). Plugin 4: Java Deployment Toolkit 7.0.70.11; NPRuntime Script Plug-in Library for Java(TM) Deploy; npDeployJava1.dll; (application/java-deployment-toolkit). Plugin 5: Logitech Device Detection; Logitech Device Detection; npLogitechDeviceDetection.dll; (application/logitech-devoc-plugin). Plugin 6: Microsoft Office 2010; Office Authorization plug-in for NPAPI browsers; NPAUTHZ.DLL; (14.0.4730.1010; application/x-msoffice14; *). Plugin 7: Microsoft Office 2010; The plug-in allows you to open and edit files using Microsoft Office applications; NPSPWRAP.DLL; (SharePoint Plug-in for Firefox; application/x-sharepoint;). Plugin 8: QuickTime Plug-in 7.7.3; The QuickTime Plugin allows you to view a wide variety of multimedia content in Web pages. For more information, visit the <A HREF=http://www.apple.com/quicktime/>QuickTime</A> Web site. ; npqtplugin.dll; (AIFF-Audio; audio/aiff; aiff aif aifc aidc) (AIFF-Audio; audio/x-aiff; aiff aif aifc aidc) (uLaw/AU-Audio; audio/basic; au snd ulw) (MIDI; audio/mid; mid midi smf kar) (MIDI; audio/x-midi; mid midi smf kar) (MIDI; audio/midi; mid midi smf kar) (QUALCOMM PureVoice Audio; audio/vnd.qcelp; qcp). Plugin 10: QuickTime Plug-in 7.7.3; The QuickTime Plugin allows you to view a wide variety of multimedia content in Web pages. For more information, visit the <A HREF=http://www.apple.com/quicktime/>QuickTime</A> Web site. ; npqtplugin3.dll; (3GPI-Audio; audio/3gpp; 3gpp) (AIR-Audio; audio/AIR; AIR) (AAC-Audio; audio/aac; aac adts) (AAC-Audio; audio/x-aac; aac adts) (CAF-Audio; audio/x-caf; caf) (AC3 audio; audio/ac3; ac3) (AC3 audio; audio/x-ac3; ac3) (MPEG-Medien; video/vmpeg; mpeg mpg m1s m1v m1a m75 m15 mp2 mpm mpv mpa). Plugin 11: QuickTime Plug-in 7.7.3; The QuickTime Plugin allows you to view a wide variety of multimedia content in Web pages. For more information, visit the <A HREF=http://www.apple.com/quicktime/>QuickTime</A> Web site. ; npqtplugin4.dll; (MPEG-Medien; video/mpeg; mpeg mpg m1s m1v m1a m75 m15 mp2 mpm mpv mpa) (MPEG-Audio; audio/mpeg; mpeg mpg m1s m1a m2a mpm mpa mp2) (MPEG-Audio; audio/x-mpeg; mpeg mpg m1s m1a mp2 mpm mpa m2a) (3GPP-Medien; video/3gpp; 3gp 3gpp) (3GPP-Medien; audio/3gpp; 3gp 3gpp) (3GPP2-Medien; video/3gpp2; 3g2 3gp2) (3GPP2-Medien; audio/3gpp2; 3g2 3gp2) (SD-Video; video/sd-video; sdv) (AAC-Medien; application/vnd.apple.mpegurl; m3u8) (AAC-Audio; audio/x-m4a; m4a) (AAC-Audio; audio/x-m4b; m4b) (AAC-Audio; audio/x-m4p; m4p) (AAC-Audio; audio/x-mp4; mp4). Plugin 13: QuickTime Plug-in 7.7.3; The QuickTime Plugin allows you to view a wide variety of multimedia content in Web pages. For more information, visit the <A HREF=http://www.apple.com/quicktime/>QuickTime</A> Web site. ; npqtplugin5.dll; (Video; video/x-m4v; m4v) (MacPaint-Bild; image/x-macpaint; pntg pnt mac) (PICT-Bild; image/pict; pict pic pct) (PICT-Bild; image/x-pict; pict pic pct) (PNG Image; image/png; png) (PNG Image; image/x-png; png) (QuickTime-Bild; image/x-quicktime; qtif qti) (SGI-Bild; image/x-sgi; sgi rgb) (TGA-Bild; image/x-targa; targa tga) Plugin 14: QuickTime Plug-in 7.7.3; The QuickTime Plugin allows you to view a wide variety of multimedia content in Web pages. For more information, visit the <A HREF=http://www.apple.com/quicktime/>QuickTime</A> Web site. ; npqtplugin7.dll; (TIFF Image; image/tiff; tif tiff) (TIFF Image; image/x-tiff; tif tiff) (JPEG2000-Image; image/jp2; jp2) (JPEG2000 Image; image/jpeg2000; jp2) (JPEG2000-Image; image/jpeg2000-image; jp2) (JPEG2000-Image; image/x-jpeg2000-image; jp2). Plugin 15: Shockwave Flash; Shockwave Flash 11.6.r602; NPSWF32_11_6_602_180.dll; (Adobe Flash movie; application/x-shockwave-flash; swf) (FutureSplash movie; application/futuresplash; spl). Plugin 16: Windows Live® Photo Gallery; NPWLPG; NPWLPG.dll; (Windows Live® Photo Gallery; application/x-wlpg-detect; wlpg) (Windows Live® Photo Gallery; application/x-wlpg3-detect; wlpg3). Plugin 17: iTunes Application Detector; iTunes Detector Plug-in; npitunes.dll; (This plug-in detects the presence of iTunes when opening iTunes Store URLs in a web page with Firefox.; application/itunes-plugin;)

Time Zone	2.57	7.3	-120
Screen Size and Color Depth	4.34	20.25	1680x1050x24
System Fonts	21.43+	2920420	Marlett, Arial, Arabic Transparent, Arial Baltic, Arial CE, Arial CYR, Arial Greek, Arial TUR, Batang, BatangChe, Gungsuh, GungsuhChe, Courier New, Courier New Baltic, Courier New CE, Courier New CYR, Courier New Greek, Courier New TUR, DaunPenh, DokChampa, Estrangelo Edessa, Euphemia, Gautami, Vani, Gulim, GulimChe, Dotum, DotumChe, Iskoola Pota, Kalinga, Kartika, Khmer UI, Lao UI, Latha, Lucida Console, Malgun Gothic, Mangal, Meiryo, Meiryo UI, Microsoft Himalaya, Microsoft JhengHei, Microsoft YaHei, MingLiU, PMingLiU, MingLiU_HKSCS, MingLiU-ExtB, PMingLiU-ExtB, MingLiU_HKSCS-ExtB, Mongolian Baiti, MS Gothic, MS PGothic, MS UI Gothic, MS Mincho, MS PMincho, MV Boli, Microsoft New Tai Lue, Nubia, Microsoft PhagsPa, Plantagenet Cherokee, Raavi, Segoe Script, Segoe UI, Segoe UI Semibold, Segoe UI Light, Segoe UI Symbol, Shruti, SimSun, NSimSun, SimSun-ExtB, Sylfaen, Microsoft Tai Le, Times New Roman, Times New Roman Baltic, Times New Roman CE, Times New Roman CYR, Times New Roman Greek, Times New Roman TUR, Tunga, Vrinda, Shonar Bangla, Microsoft Yi Baiti, Tahoma, Microsoft Sans Serif, Angsana New, AparajIta, Cordia New, Ebrima, Gisha, Kokila, Leelawadee, Microsoft Uighur, NoolBoran, Sumool, Utsaah, Vijaya, Wingdings, Andalus, Arabic Typesetting, Simplified Arabic, Simplified Arabic Fixed, Sakkal Majalla, Traditional Arabic, Aharoni, David, FrankRuehl, Levenim MT, Miriam, Miriam Fixed, Narkisim, Rod, FangSong, SimHei, KaiTi, AngsanaUPC, BrowalliaNew, BrowalliaUPC, CordiaUPC, DilleniaUPC, EucrosiaUPC, FreesiaUPC, IrisUPC, JasmineUPC, KodchiangUPC, LilyUPC, DFKai-SB, Lucida Sans Unicode, Arial Black, Calibri, Cambria, Comic Sans MS, Consolas, Constantia, Corbel, Franklin Gothic Medium, Gabriola, Georgia, Palatino Linotype, Segoe Print, Trebuchet MS, Verdana, Webdings, Bill Formular, BD Viewer Font, BD Viewer Edge Font, Arial Unicode MS, Century, Cambria Math, Wingdings 2, Wingdings 3, Book Antiqua, Century Gothic, Arlp Narrow, Garamond, Monotype Corsiva, Algerian, Baskerville Old Face, Bauhaus 93, Bell MT, Berlin Sans FB, Berlin MT Condensed, Bodoni MT Poster Compressed, Britannic Bold, Broadway, Brush Script MT, Californian FB, Centaur, Chiller, Colonna MT, Cooper Black, Footlight MT Light, Freestyle Script, Harlow Solid Italic, Harrington, High Tower Text, Jokerman, Juice ITC, Kristen ITC, Kunstler Script, Lucida Bright, Lucida Calligraphy, Lucida Fax, Lucida Handwriting, Magneto, Matura MT Script Capitals, Mistral, Modern No. 20, Niagara Engraved, Niagara Solid, Old English Text MT, Onyx, Parchment, Playbill, Poor Richard, Ravie, Informal Roman, Showcard Gothic, Snap ITC, Stencil, Tempus Sans ITC, Viner Hand ITC, Vivaldi, Vladimir Script, Wide Latin, Pristina, Papyrus, French Script MT, Bradley Hand ITC, Bookman Old Style, Berlin Sans FB Demi, Haettenschweiler, MT Extra, MS Outlook, Bookshelf Symbol 7, MS Reference Sans Serif, MS Reference Specialty, Calibri Light, Tw Cen MT, Tw Cen MT Condensed, Script MT Bold, Rockwell Extra Bold, Rockwell Condensed, Rockwell, Rage Italic, Perpetua Titling MT, Perpetua, Palace Script MT, OCR A Extended, Maiandra GD, Lucida Sans Typewriter, Lucida Sans, Imprint MT Shadow, Gloucester, Goudy Stout, Goudy Old Style, Gloucester MT Extra Condensed, Gill Sans Ultra Bold Condensed, Gill Sans Ultra Bold, Gill Sans MT Condensed, Gill Sans MT, Gill Sans MT Ext Condensed Bold, Gigi, Franklin Gothic Medium Cond, Franklin Gothic Heavy, Franklin Gothic Demi Cond, Franklin Gothic Demi, Franklin Gothic Book, Forte, Felix Titling, Eras Medium ITC, Eras Light ITC, Eras Demi ITC, Eras Bold ITC, Engravers MT, Elephant, Edwardian Script ITC, Curlz MT, Copperplate Gothic Light, Copperplate Gothic Bold, Century Schoolbook, Castellar, Calisto MT, Bodoni MT Condensed, Bodoni MT Black, Bodoni MT, Blackadder ITC, Arial Rounded MT Bold, Agency FB, Tw Cen MT Condensed Extra Bold (via Flash)
Are Cookies Enabled?	0.42	1.34	Yes
Limited supercookie test	0.99	1.99	DOM localStorage: Yes, DOM sessionStorage: Yes, IE userData: No

Thanks to browserspy.dk for the font detection code, and to breadcrumbs for supercookie help.

Frequently asked questions.

Send other questions or comments to panopticlick@eff.org.

Learn about Panopticlick and web tracking.   The Panopticlick Privacy Policy   Learn about the Electronic Frontier Foundation.

A research project of the Electronic Frontier Foundation

Anlage 3:

Media Daten Freundin.de:

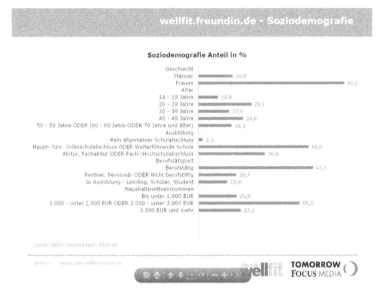

wellfit.freundin.de - Soziodemografie

Soziodemografie Anteil in %

Geschlecht
Männer — 18,9
Frauen — 81,1
Alter
14 - 19 Jahre — 10,8
20 - 29 Jahre — 29,2
30 - 39 Jahre — 17,0
40 - 49 Jahre — 24,6
50 - 59 Jahre ODER (60 - 69 Jahre ODER 70 Jahre und älter) — 18,3
Ausbildung
Kein allgemeiner Schulabschluss — 2,3
Haupt- bzw. Volksschulabschluss ODER Weiterführende Schule — 61,0
Abitur, Fachabitur ODER Fach-/Hochschulabschluss — 36,6
Berufstätigkeit
Berufstätig — 63,5
Rentner, Pensionär ODER Nicht berufstätig — 20,7
In Ausbildung - Lehrling, Schüler, Student — 15,8
Haushaltsnettoeinkommen
Bis unter 1.000 EUR — 21,0
1.000 - unter 2.000 EUR ODER 2.000 - unter 3.000 EUR — 55,8
3.000 EUR und mehr — 23,2

Quelle: AGOF internet facts 2010-IV